主 编 李业福

写作大师课
源理写作课

山东人民出版社·济南

国家一级出版社 全国百佳图书出版单位

图书在版编目（CIP）数据

写作大师课．源理写作 / 李业福主编．－－ 济南：
山东人民出版社，2021.8
ISBN 978-7-209-13399-9

Ⅰ．①写… Ⅱ．①李… Ⅲ．①作文课－小学－教学
参考资料 Ⅳ．①G624.243

中国版本图书馆CIP数据核字(2021)第162002号

写作大师课 源理写作

XIEZUO DASHI KE YUANLI XIEZUO

李业福 主编

主管单位 山东出版传媒股份有限公司
出版发行 山东人民出版社
出 版 人 胡长青
社　　址 济南市英雄山路165号
邮　　编 250002
电　　话 总编室（0531）82098914
　　　　　市场部（0531）82098027
网　　址 http://www.sd-book.com.cn
印　　装 山东华立印务有限公司
经　　销 新华书店

规　　格 16开（185mm×260mm）
印　　张 12
字　　数 220千字
版　　次 2021年8月第1版
印　　次 2021年8月第1次
ISBN 978-7-209-13399-9
定　　价 58.00元
　　　　　如有印装质量问题，请与出版社总编室联系调换。

编 委 会

李业福

作文教学研究专家
共写·源理作文系列课程主编
原北京某上市教育平台小学作文课程设计
及作文在线主讲；从事小学作文教学研究
近20年；研究成果"小学作文原理系
统"被誉为解除当下小学作文教学难题
的"金钥匙"；"作文原理教学"的发起
者与倡导者；创造出"一期解除小学作文
障碍"的教学奇迹；网络在线教学好评率
98%……

写给家长的一封信

（代序）

想学好一门学科，必须遵循教育的基本规律：见树又见林，先见林再见树。先让学生对整门学科"森林"进行了解，以启动学生们学习上的兴趣，其效果远胜于对着"一棵棵树"的细部知识与标准动作反复演练、一磨再磨……

想学好作文，也必须要"先明其理，后研其法"！

共读书房"源理作文"是基于科学的教学理念——"树林理论"设计并研发出的一套完整的小学作文原理教学体系，创造出"一期解除小学生作文障碍的教学奇迹"，被众多小学校长、语文老师誉为解除当下小学作文教学乃至语文教学障碍的"金钥匙"。

本教材专为共读书房"源理作文"教学课程而设计，集课前预习、课上学习、课后练习及知识复习多功能于一体，通过引导学生自主思考练习、老师讲解对比、学生验证掌握等模块，让学生体会到学习的乐趣，在快乐学习中潜移默化地提升自己的写作能力。

教材中每单元的教学案例，对应的都是学生需要掌握的作文原理。希望参与共读书房"源理作文"学习的每一位学生，都能在老师的引领下，认真学习并体会写作的根本原理及应用方法，从根本上解决小学作文的学习难题。

溯本求源，把握作文原理；

明理得法，掌控作文技巧。

共读、共写、共成长，学会作文本质原理，让语文学习及阅读简单、快乐起来……

李业福

2021年7月

目 录

DIRECTORY

第一单元

认清作文本质

　　做任何一件事情都需要恰当的方法，好的方法可以让我们的生活和学习更轻松。写作文是一件非常普通的事情，可是提起作文来，很多同学都摸不到头脑，没写之前就被吓住了，这是为什么？很简单，这些同学没有注意掌握习作的一些基本原理，没有形成习作的基本能力。作文是思维的产物，明白作文思维的本质，作文构思则有章可循！

一、作文的本质是什么？

　　认识一个事物，首先要明白这个事物的本质是什么，也就是说要明白这种事物本身的含义。学习作文，我们要弄明白的第一个问题就是作文是什么，只有这样，我们才能找到习作的方法，解决习作过程中存在的问题。

　　想一想，作文到底是什么？根据个人的理解，说说自己的想法。

（此处为三行空白田字格）

根据老师所讲，写出作文的本质含义。

（此处为八行空白田字格）

请读完两个小学生关于铅笔盒的谈话，并根据问题作答。

学生甲（得意）： 昨天妈妈给我买了一个铅笔盒，作为我期中考试的奖品，可漂亮了！

学生乙（好奇）： 真的？什么样的？

学生甲： 当然是真的，那个铅笔盒非常漂亮。整个铅笔盒都是粉红色的，那是我最喜欢的颜色，四四方方的，看上去就像一个粉红色的小舞台，而且铅笔盒盖上的图案也很好看。

学生乙： 什么样的图案？

学生甲： 是我最喜欢的花仙子，跟动画片《花仙子》里面的花仙子一模一样。她穿着一身红色连衣裙，头发金黄金黄的，戴着一顶蓝色的小圆帽。她的眼睛特别大，可精神了。

学生乙： 还有吗？

学生甲： 花仙子的旁边是很多漂亮的鲜花，有红色的、黄色的、粉色的，可多了！有的像一个小喇叭，有的像一个小太阳。那些鲜花把花仙子围在中间，我要是花仙子，可就幸福死了。

学生乙：铅笔盒里面是什么样子的？

学生甲：里面有两层，功能可多了，打开盒盖，第一层就会升起来，就像一个升降梯一样。第一层的左边有四个用布做成的小圆筒，我可以把铅笔、圆珠笔都插到里面，这样它们就不会乱晃了。下面的一层有好几个格子，小的可以放橡皮……

学生乙（羡慕）：这么好？

学生甲：当然，而且我的铅笔盒还可以削铅笔呢。在铅笔盒的头上就装着一个铅笔刀，用起来可方便了……

学生乙：你妈妈在哪儿买的，我也让我妈妈给我买一个……

学生甲：那你也得好好学习……

看完上面的一段对话，生活中你是否也曾经有过这种跟别人谈话的经历，你的感觉是什么？

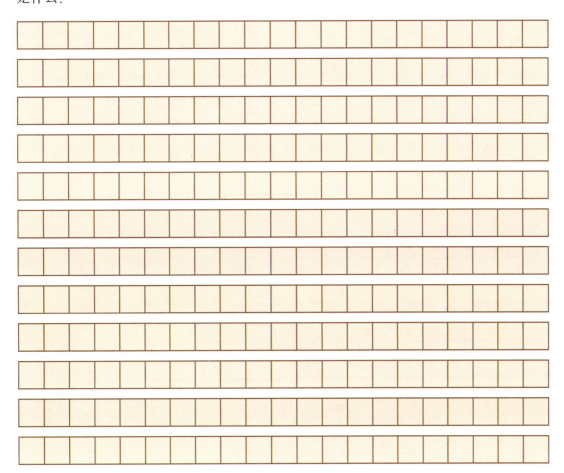

阅读下面的文章，写一写你获得的启发。

我的铅笔盒

昨天，妈妈给我买了一个铅笔盒，这可是我期中考试得第一名的奖品。我非常喜欢它。

整个铅笔盒都是粉红色的，那可是我最喜欢的颜色，形状四四方方的，看上去就像一个粉红色的小舞台。盒盖的中心是一个非常好看的卡通图片，是我最喜欢的花仙子，跟动画片《花仙子》里面的花仙子一模一样。她穿着一身红色连衣裙，头发金黄金黄的，戴着一顶蓝色的小圆帽。她的眼睛特别大，可精神了。花仙子的旁边是很多漂亮的鲜花，有红色的、黄色的、粉色的，可多了！有的像一个小喇叭，有的像一个小太阳。那些鲜花把花仙子围在中间，我想我要是花仙子，可就幸福死了。

铅笔盒功能可多了，里面共分两层。只要你一打开盒盖，里面的第一层就会升起来，就像一个升降梯一样。第一层的左边有四个用布做成的小圆筒，我可以把铅笔、圆珠笔都插到里面，这样它们就不会乱晃了。下面的一层有好几个格子，小的可以放橡皮，大的可以放尺子等学习用具。这样我的文具就显得井井有条，一点儿也不杂乱。我的铅笔盒还可以削铅笔呢。在铅笔盒的头上就装着一个铅笔刀，用起来可方便了。

妈妈给我铅笔盒的时候对我说，要好好爱护它，好好学习。还说铅笔盒上的花仙子可以监督我。我知道妈妈对我的希望，我一定要好好学习。花仙子将会是我的见证。

怎么样，你们喜欢我的铅笔盒吗？如果喜欢，那你也好好学习，这样你妈妈也可以给你送奖品了。

通过上面的案例，你获得的启发是什么？

二、为什么写作文（写作文的目的是什么）？

做任何事情都是有目的的。明白了作文的含义，我们还要明白写作文的目的是什么，即为什么写作文。

①你认为说话的目的是什么？

②你都写过哪些作文？写这些作文的时候，你的目的是什么？

三、作文写什么？

写作文的首要步骤就是构思，只要构思就离不开思考作文要写哪些内容的问题。那么作文构思中应该怎么思考呢？

①何为写作提纲？作文构思的本质方法是什么？（原理）

②关于一种景（物），应从哪些方面与别人交流？（别人常问的问题有哪些？）

四、作文构思步骤（原理运用之法）

在了解了作文本质的原理后，就要明确作文本质原理的运用方法，即作文的构思步骤。我们总结出了四大步骤，分别是：

①_____

②_____

③_____

④_____

请运用我们总结的四个步骤，写出文章的构思提纲。

我的铅笔盒

  昨天，妈妈给我买了一个铅笔盒，这可是我期中考试得第一名的奖品。我非常喜欢它。

  整个铅笔盒都是粉红色的，那可是我最喜欢的颜色，形状四四方方的，看上去就像一个粉红色的小舞台，盒子中心是一个非常好看的卡通系列图片，是我最喜欢的花仙子，跟动画片《花仙子》里面的花仙子一

构思提纲

_____

_____

_____

_____

_____

模一样。她穿着一身红色连衣裙，头发金黄金黄的，戴着一顶蓝色的小圆帽。她的眼睛特别大，可精神了。花仙子的旁边是很多漂亮的鲜花，有红色的、黄色的、粉色的，可多了！有的像一个小喇叭，有的像一个小太阳。那些鲜花把花仙子围在中间，我想我要是花仙子，可就幸福死了。

　　铅笔盒的功能可多了，里面共分两层。只要你一打开盒盖，里面的第一层就会升起来，就像一个升降梯一样。第一层的左边有四个用布做成的小圆筒，我可以把铅笔、圆珠笔都插到里面，这样它们就不会乱晃了。下面的一层有好几个格子，小的可以放橡皮，大的可以放尺子等学习用具。这样我的文具就显得井井有条，一点儿也不杂乱。对了对了，我的铅笔盒还可以削铅笔呢。在铅笔盒的头上就装着一个铅笔刀，用起来可方便了……

　　妈妈给我铅笔盒的时候对我说，要好好爱护它，好好学习。还说铅笔盒上的花仙子可以监督我。我知道妈妈对我的希望，我一定要好好学习。花仙子将会是我的见证。

　　怎么样，你们喜欢我的铅笔盒吗？如果喜欢，那你也好好学习，这样你妈妈也可以给你送奖品了。

 **课后练习**

（一）冬枣

　　水果有很多种，有酸酸甜甜的橘子，有又甜又脆的鸭梨，还有又大又甜的苹果，可我最喜欢的还是那皮薄肉厚的冬枣。

　　冬枣有大有小，大的跟乒乓球一样大，小的则与葡萄相媲美。冬枣的颜色各异，有

的黄绿相间，有的红黄相间，有的干脆全身紫红紫红的，闪着诱人的光芒。枣的形状也没有完全相同的，有的圆圆的像位彬彬有礼的绅士，有的扁扁的像没吃饱的贫民。咬一口，脆生生，雪白雪白的枣肉在阳光下格外诱人。滋味就更别提了，比蜂蜜还甜的枣肉让你吃一口想第二口，如果你像猪八戒一样囫囵吞枣，那就没滋味喽！

　　冬枣营养丰富，还特别养颜，是爱美女士的首选喔！枣还有药用价值，有补血的功效呢。枣可真是世间珍宝。它有多种吃法，可以生吃、煮食、泡茶等。不管怎么吃，它都是很香甜的。

　　我爱冬枣，更爱冬枣为人奉献的精神。

　　1.作者的写作目的是什么？

（空格答题栏）

　　2.请根据文章内容列出作者的构思提纲。

（答题框）

（二）小猪存钱罐

我有一个可爱的小猪存钱罐，它可是我生活中的好伙伴！

这个小猪存钱罐造型十分可爱。肥嘟嘟的身体、粉扑扑的皮肤，加上四只短小的蹄子和那盘在身体上的小尾巴，看上去可有趣了。它的身体两侧，还分别刻有一个"福"字，别有一番吉祥的寓意。它的面颊十分红润，与额头一样，都有些向外凸起，再与一双水汪汪的大眼睛和一个向外翻起的小鼻子配起来，别提有多憨态可掬了。它的头上戴着一个蓝色的蝴蝶结，右耳套了个美丽的花环，不用说，准是个爱美的胖小猪。

这个小猪存钱罐不但造型可爱，而且是个理财小能手呢！每当我从妈妈那里领取了零花钱之后，都会把一个个硬币慢慢地从它背上的缝隙里塞进去，请它帮我好好照看这些钱。这时，它那笑容满面的样子，好像在说："主人，你放心好了，我会好好照看这些钱的，不让它们受一点儿伤害。"果真，这只"小猪"不负我所望，把钱藏在肚里，保管得好好的。一旦我需要用钱，就打开它四蹄或腹部底下的小盖子，然后摇一摇，便有几个硬币哗哗掉出来。

大概每隔一个月，我就会拿起存钱罐摇摇，听着里头硬币互相撞击的哗哗声，心里甭提有多高兴了。渐渐地，为了能听到那越来越多硬币的哗哗声，我改掉了以前乱花钱的坏习惯，开始学着攒钱，即使是遇到自己最爱吃的零食，也尽量控制自己，不去随便买。后来，我的钱越来越多，用也用不完。这可都要归功于小猪存钱罐呀！

我喜欢我的小猪存钱罐。

1.作者的写作目的是什么？

2.请根据文章内容列出作者的构思提纲。

（三）我的校园

我的校园一年四季都是绿色的，美丽极了。

春天，校园里生机勃勃，小草绿了，小花也开了。李树枝上开满了雪白色的小花，就像天使的翅膀。风一吹过，雪白的花瓣纷纷飘落。它们在风姑娘的指挥下，在空中跳起了优美的舞蹈，令人陶醉其中。花瓣落地后，又把嫩绿的草地铺成了地毯，绿中带点白，非常好看。桃花也开满枝头，有的已完全展开了，露出粉红色的小脸蛋；有的含苞待放，好像很不情愿似的，还想继续呼呼大睡；还有的只是个花骨朵儿，似乎很想出来看看外面的世界，于是就使劲挤着花苞，好像花苞都快要被挤破了似的。教学楼前的榕树也抽出了嫩芽，吊钟花们垂着头，好像在思考如何开放才够美。墙边的三角梅把枝头都伸出栏杆了，好像在为路人展示自己的美，不让桃树、李树抢尽风头。

夏天，校园里枝繁叶茂，如一片绿色的海洋。教学楼前的大榕树好像涂上了生发剂似的，枝上长满了叶子。站在树下抬头往上看，阳光都被绿叶给挡住了，就像站在一把大绿伞下。下午，火辣辣的太阳"烤"着大地，如果你躲在树下，不但不觉得热，还觉得凉快呢。桃树、李树虽然不像春天有花儿的装扮，但也长出了深绿色的叶子，像换了一件衣服一样，在这炎热的夏天，使人眼前一亮。夜晚，校园里的知了不停地叫着，像在开演唱会，萤火虫也打着"手电筒"开始巡逻。

虽说到了秋天，但很多植物的叶子还是绿色的，大多数都没变黄，只是教学楼前的榕树开始"脱发"了，地上落了不少叶子。落叶像为大地换了一件衣服一样，有些落叶在空中飞舞，像一只只蝴蝶在空中翩翩起舞，美极了。

南宁的冬天不太冷，所以校园里的植物还是那么的"活跃"，只是少了春天时的勃勃生机。

校园里一年四季都是美丽的。我喜欢我的校园。

1.作者的写作目的是什么?

2.请根据文章内容列出作者的构思提纲。

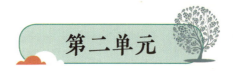

第二单元

构思提纲应用

写作文动笔之前需要做到"胸有成竹",唯有如此,我们才能做到写作"一气呵成",避免写作过程中出现语言混乱、条理不清、详略不当等问题。对于初学写作的学生来说,写作之前列一篇完整的构思提纲是必不可少的一个环节。如何把一篇简单的写作思路变成一篇符合逻辑的完善的构思提纲呢?跟着我们的老师认真学习吧……

1.作文是什么?

2.为什么写作文?

3.作文写什么?

4.作文的构思步骤是什么?

1.开头逻辑

2.文章内容设计逻辑

3.结尾设计逻辑

课堂练习

冬　枣

　　水果有很多种，有酸酸甜甜的橘子，有又甜又脆的鸭梨，还有又大又甜的苹果，可我最喜欢的还是那皮薄肉厚的冬枣。

　　冬枣有大有小，大的跟乒乓球一样大，小的则与葡萄相媲美。冬枣的颜色各异，有的黄绿相间，有的红黄相间，有的干脆全身紫红紫红的，闪着诱人的光芒。冬枣的形状也没有完全相同的，有的圆圆的像一位彬彬有礼的绅士，有的扁扁的像没吃饱的贫民。咬一口，脆生生，雪白雪白的枣肉在阳光下格外诱人。滋味就更别提了，比蜂蜜还甜的枣肉让你吃一口想第二口，如果你像猪八戒一样囫囵吞枣，那就没滋味喽！

构思提纲

冬枣营养丰富，还特别养颜，是爱美女士的首选喔！冬枣还有药用价值，有补血的功效呢。冬枣可真是世间珍宝。它有多种吃法，可以生吃、煮食、泡茶等。不管怎么吃，它都是很香甜的。

我爱冬枣，更爱冬枣为人奉献的精神。

小猪存钱罐

我有一个可爱的小猪存钱罐，它可是我生活中的好伙伴！

这个小猪存钱罐造型十分可爱。肥嘟嘟的身体、粉扑扑的皮肤，加上四只短小的蹄子和那盘在身体上的小尾巴，看上去可有趣了。它的身体两侧还分别刻有一个"福"字，别有一番吉祥的寓意。它的面颊十分红润，与额头一样，都有些向外凸起，再与一双水汪汪的大眼睛和一个向外翻起的小鼻子配起来，别提有多憨态可掬了。它的头上戴着一个蓝色的蝴蝶结，右耳套了个美丽的花环，不用说，准是个爱美的胖小猪。

这个小猪存钱罐不但造型可爱，而且是个理财小能手呢！每当我从妈妈那里领取了零花钱之后，都会把一个个硬币慢慢地从它背上的缝隙里塞进去，请它帮我好好照看这些钱。这时，它那笑容满面的样子，好像在说："主人，你放心好了，我会好好照看这些钱的，不让它们受一点儿伤害。"果真，这只"小猪"不负我所望，把钱藏在肚里，保管得好好的。一旦我需要用钱，就打开它四蹄或腹部底下的小盖子，然后摇一摇，便有几个硬币哗哗掉出来。

大概每隔一个月，我就会拿起存钱罐摇摇，听着里

构思提纲

头硬币互相撞击的哗哗声，心里甭提有多高兴了。渐渐地，为了能听到那越来越多硬币的哗哗声，我改掉了以前乱花钱的坏习惯，开始学着攒钱，即使是遇到自己最爱吃的零食，也尽量控制自己，不去随便买。后来，我的钱越来越多，用也用不完。这可都要归功于小猪存钱罐呀！

我喜欢我的小猪存钱罐。

我的校园

构思提纲

我的校园一年四季都是绿色的，美丽极了。

春天，校园里生机勃勃，小草绿了，小花也开了。李树枝上开满了雪白色的小花，就像天使的翅膀。风一吹过，雪白的花瓣纷纷飘落。它们在风姑娘的指挥下，在空中跳起了优美的舞蹈，令人陶醉其中。花瓣落地后，又把嫩绿的草地铺成了地毯，绿中带点白，非常好看。桃花也开满枝头，有的已完全展开了，露出粉红色的小脸蛋；有的含苞待放，好像很不情愿似的，还想继续呼呼大睡；还有的只是个花骨朵儿，似乎很想出来看看外面的世界，于是就使劲挤着花苞，好像花苞都快要被挤破了似的。教学楼前的榕树也抽出了嫩芽，吊钟花们垂着头，好像在思考如何开放才够美。墙边的三角梅把枝头都伸出栏杆了，好像在为路人展示自己的美，不让桃树、李树抢尽风头。

夏天，校园里枝繁叶茂，如一片绿色的海洋。教学楼前的大榕树好像涂上了生发剂似的，枝上长满了叶子。站在树下抬头往上看，阳光都被绿叶给挡住了，就像站在一把大绿伞下。下午，火辣辣的太阳"烤"着大地，如果你躲在树下，不但不觉得热，还觉得凉快呢。桃树、李树虽然不像春天有花儿的装扮，但也长出了深绿色的叶子，像换了一件衣服一样，在这炎热的夏天，使人眼前一亮。夜晚，校园里知了不停地叫着，像在开演唱会，萤火虫也打着"手电筒"开始巡逻。

虽说到了秋天，但很多植物的叶子还是绿色的，大多数都没变黄，只是教学楼前的榕树开始"脱发"了，地上落了不少叶子。落叶像为大地换了一件衣服一样，有些落叶在空中飞舞，像一只只蝴蝶在空中翩翩起舞，美极了。

南宁的冬天不太冷，所以校园里的植物还是那么的"活跃"，只是少了春天时的勃勃生机。

校园里一年四季都是美丽的。我喜欢我的校园。

 课后练习

按照格式，自己构思《橘子》《我的卧室》两篇作文的提纲。

《橘子》

《我的卧室》

第三单元

表达基本原理

> 　　小学记叙文的关键要求之一就是作文要"具体"。为了让作文达到"具体"的要求，作文"字数"就成了评价一篇作文好坏的基本要求。不明理，就不得法！如何才能让我们的作文更"具体"呢？这就要求我们必须掌握作文语言表达的最基本原理。认真学习本章内容，把握让作文更"具体"的原理方法，从此写作文不再"怕字数"……

 **知识回顾**

1.作文是什么？

2.为什么写作文？

3.作文写什么？

4.构思提纲的思维逻辑。

 **知识梳理**

一、表达的基本要素

作文语言的三个基本要素是什么？

① _____

_____

②_____

_____

③_____

_____

二、"物"的观察方法（一）

观察要求：

①_____

_____

②_____

_____

观察"物"的方法：全方位静态观察——"物"的直接描写素材有哪些?

课堂练习

1.好词、好句与直接描写素材的对应练习。

视觉素材：_____——好词、好句：_____

_____

听觉素材：_____——好词、好句：_____

_____

嗅觉素材：_____——好词、好句：_____

_____

触觉素材：_____——好词、好句：_____

_____

味觉素材：_____——好词、好句：_____

_____

2.划线体会：画出片段中的描写对象（双横线）、描写素材（单横线）、描写主题（虚线）。

当花儿凋谢的时候，枝头上就会露出一个青绿色的、黄豆粒大小的草莓；随着时间的推移，小草莓的个头逐渐长大。看！它们有的大如花生，有的形如小杏，有的生似荔枝，仿佛一个个小灯笼。随着个头的不断长大，草莓的颜色逐渐由青绿色变成乳白色；不知何时，胖嘟嘟的草莓顶端染上了一抹红，宛若戴上了一顶精美的小红帽，煞是可爱。当整个草莓都穿上红艳艳的裙衫时，就已经成熟了。把成熟的草莓摘下来，拿在手上觉得凹凸不平，又有些滑软。此时，那酸甜的气味早已扑鼻而来，你会禁不住把它放进嘴里吃起来，那肥嫩多汁的果肉，甜中透着一点儿酸，清凉爽口，真是美味极了。

3.划线体会：画出片段中的描写对象（双横线）、描写素材（单横线）、描写主题（虚线）。

不必说碧绿的菜畦，光滑的石井栏，高大的皂荚树，紫红的桑葚；也不必说鸣蝉在树叶里长吟，肥胖的黄蜂伏在菜花上，轻捷的叫天子（云雀）忽然从草间直窜向云霄里去了。单是周围的短短的泥墙根一带，就有无限趣味。油蛉在这里低唱，蟋蟀们在这里弹琴。翻开断砖来，有时会遇见蜈蚣；还有斑蝥（máo），倘若用手指按住它的脊梁，便会"啪"的一声，从后窍喷出一阵烟雾。何首乌藤和木莲藤缠络着，木莲有莲房一般的果实，何首乌有臃肿的

根。有人说，何首乌根是有像人形的，吃了便可以成仙，于是我常常拔它起来，牵连不断地拔起来，也曾因此弄坏了泥墙，却从来没有见过有一块根像人样。如果不怕刺，还可以摘到覆盆子，像小珊瑚珠攒成的小球，又酸又甜，色味都比桑葚要好得远。

 **课后练习**

1.划线体会：画出片段中的描写对象（双横线）、描写素材（单横线）、描写主题（虚线）。

整个铅笔盒都是粉红色的，那可是我最喜欢的颜色，形状四四方方的，看上去就像一个粉红色的小舞台。盒盖的中心是一个非常好看的卡通图片，是我最喜欢的花仙子，跟动画片《花仙子》里面的花仙子一模一样。她穿着一身红色连衣裙，头发金黄金黄的，戴着一顶蓝色的小圆帽。她的眼睛特别大，可精神了。花仙子的旁边是很多漂亮的鲜花，有红色的、黄色的、粉色的，可多了，有的像一个小喇叭，有的像一个小太阳。那些鲜花把花仙子围在中间，我想我要是花仙子，可就幸福死了。

2.划线检查：运用语言表达三要素规则，画出下面片段的描写对象，找出片段中存在的问题。

早上，我们来到了一个风景优美的地方，远处有山，天上有云和小鸟。有一条小河，河水很清，河里有游来游去的鱼。我们选了河边的一个地方停了下来。有一片草地，我们扎好帐篷就围坐在一起，唱起歌来，有的同学还跳起舞来，好高兴啊！地上有五颜六色的小花，不知道叫什么名字，微风一吹就向我们点头。

存在的问题

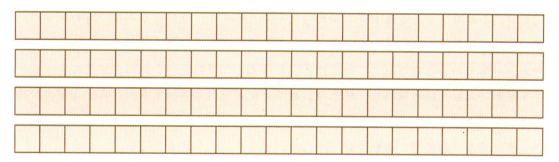

<table>
<tr><td></td><td></td><td></td><td></td><td></td><td></td><td></td><td></td><td></td><td></td><td></td><td></td><td></td><td></td><td></td></tr>
<tr><td></td><td></td><td></td><td></td><td></td><td></td><td></td><td></td><td></td><td></td><td></td><td></td><td></td><td></td><td></td></tr>
<tr><td></td><td></td><td></td><td></td><td></td><td></td><td></td><td></td><td></td><td></td><td></td><td></td><td></td><td></td><td></td></tr>
<tr><td></td><td></td><td></td><td></td><td></td><td></td><td></td><td></td><td></td><td></td><td></td><td></td><td></td><td></td><td></td></tr>
</table>

自主提升

（一）草莓

春末夏初便是草莓成熟的季节了，走进草莓园子，你就踏上了一片葱绿的毯子，而那颗颗肥硕、鲜红的草莓无疑是点缀其间的精致宝石了。置身这片宁静的绿地，满地的苍翠令你心旷神怡，淡雅的清香令你沉醉不已。

俯下身子，贴近这片绿地，你会望见草莓那翠绿欲滴的叶子是三片生长在一个枝头的，它们成"品"字形排列着，犹如三个不离不弃的好兄弟。那椭圆形的叶子四周并不是弧线形的，而是长成了锯齿状；叶子的背面是灰白色的，如同长了一层细细的绒毛，让人感觉有些粗糙。

拨开叶子，一朵朵雪白的小花立刻跃入你的眼帘。草莓的花朵在初春便开放在枝头的中间了，每一朵花都是由五片粉嫩的、小扇子般花瓣组成，她们又像五只娇嫩的小手呵护着中央淡黄色的花蕊。在花瓣的呵护下，花蕊似乎更加欢快了，它们一个个挺直了身子，高高地探起脑袋，静静地打量着外面的世界。此时此刻，不觉中便有一缕清香飘过，令人倍感舒爽。

当花儿凋谢的时候，枝头上就会露出一个青绿色的，黄豆粒大小的草莓；随着时间的推移，小草莓的个头逐渐长大。看！它们有的大如花生，有的形如小杏，有的状如小灯笼，有的生似荔枝……随着个头的不断长大，草莓的颜色逐渐由青绿色变成乳白色；不知何时，胖嘟嘟的草莓顶端染上了一抹红，宛若戴上了一顶精美的小红帽，煞是可爱。当整个草莓都穿上红艳艳的裙衫时，就已经成熟了。把成熟的草莓摘下来，拿在手上觉得凹凸不平，又有些滑软。此时，那酸甜的气味早已扑鼻而来，你会禁不住把它放进嘴里吃起来，那肥嫩多汁的果肉，甜中透着一点儿酸，清凉爽口，真是美味极了。

草莓不但味美，而且是炎炎夏季降暑的优质果品。它含有多种维生素，有着非常高的营养价值。因此，常吃些草莓能预防疾病，有助于身体健康。

1.列出作者的构思提纲。

2.划出文中的写作对象和写作素材。
3.体会表达三要素的运用。

（二）月季花

去年，妈妈从姥姥家移来一棵月季，我们非常喜欢它。刚移来的时候，花株还很小，经过妈妈的精心管理，不久就枝繁叶茂了。

月季刚长出来的叶子是嫩红的，边缘上有许多锯齿，那时摸起来不扎手。等到叶子长大后，呈深绿色时，边缘上的锯齿就有些扎手了。其实，它的茎也有刺，比起叶刺来，还要硬一些。

盼呀，盼呀，我家的月季终于要开花了。一天早晨，我忽然发现月季茎上绽出四个小小的花蕾，花蕾穿着一件嫩绿色的外衣。又过了几天，花蕾顶破了外衣，露出粉红的花瓣。一开始，只有最外层的花瓣向外伸展，而里边的几层花瓣还紧紧地合拢在一起，渐渐地，层层舒展，整朵月季花终于绽开了。花是粉红色的，像一个穿着粉红色衣裙的少女。绿叶红花被晨光一照，又像一只粉蝴蝶在微风中扑打翅膀，翩翩起舞。我把鼻子靠近花朵，扑鼻的清香迎面而来，再仔细一嗅，花香里还透着一股蜜一样的甜味。

月季花的花期很长，一年四季，月月都能开花，所以人们给它起名叫"月季"。它不但花美、味香，而且适应性很强。无论是栽在花盆里，还是长在路旁；无论是严冬，还是酷暑，它都能顽强地生长，把它强大的生命力展示给人们。

月季呀，你美丽、芳香、顽强，我爱你！

1.列出作者的构思提纲。

2.划出文中的写作对象和写作素材。

3.体会全方位静态观察方法的运用。

观察方法	观察的具体内容（例如：看，颜色……）

第四单元

表达原理运用（一）

　　通过上单元的学习，我们了解了作文语言表达的三个基本要素，明白了让作文语言"具体"的关键原理及方法。接下来我们必须要明确：一篇优秀的作文，不只是需要作文的语言要"具体"，同时还需要语言表达要"形象"。这就需要我们懂得三个基本要素之间的逻辑关系，以及让语言形象的原理方法。认真学习本单元，让我们以后的作文语言更具体、更形象……

知识回顾

表达的基本要素

作文语言的三个基本要素的基本含义。

①描写对象：＿＿＿＿＿＿＿＿＿＿＿＿＿＿＿＿＿＿＿＿

＿＿＿＿＿＿＿＿＿＿＿＿＿＿＿＿＿＿＿＿＿＿＿＿＿＿＿＿

②描写素材：＿＿＿＿＿＿＿＿＿＿＿＿＿＿＿＿＿＿＿＿

＿＿＿＿＿＿＿＿＿＿＿＿＿＿＿＿＿＿＿＿＿＿＿＿＿＿＿＿

③描写主题：＿＿＿＿＿＿＿＿＿＿＿＿＿＿＿＿＿＿＿＿

＿＿＿＿＿＿＿＿＿＿＿＿＿＿＿＿＿＿＿＿＿＿＿＿＿＿＿＿

知识梳理

一、状物、描景作文的直接描写素材有哪些？在文章中如何体现（好词好句）？

1.描写的素材有哪些？

2.积累的好词好句示例：

二、三要素运用规则

1.描写对象：＿＿＿＿＿＿＿＿＿＿＿＿＿＿＿＿＿＿＿＿＿＿＿＿＿＿＿＿＿

＿＿＿＿＿＿＿＿＿＿＿＿＿＿＿＿＿＿＿＿＿＿＿＿＿＿＿＿＿＿＿＿＿＿＿

2.描写素材：＿＿＿＿＿＿＿＿＿＿＿＿＿＿＿＿＿＿＿＿＿＿＿＿＿＿＿＿＿

＿＿＿＿＿＿＿＿＿＿＿＿＿＿＿＿＿＿＿＿＿＿＿＿＿＿＿＿＿＿＿＿＿＿＿

3.描写主题：＿＿＿＿＿＿＿＿＿＿＿＿＿＿＿＿＿＿＿＿＿＿＿＿＿＿＿＿＿

＿＿＿＿＿＿＿＿＿＿＿＿＿＿＿＿＿＿＿＿＿＿＿＿＿＿＿＿＿＿＿＿＿＿＿

三、间接素材的运用

1.间接素材的含义：_____

_____

_____

2.间接素材的作用：_____

_____

_____

课堂练习

一、对比体会语言的目的

1.一块块云彩在东方慢悠悠地漂浮着，衬托着那火红的太阳，就像孩子随意涂抹的画面，美丽极了，有着一种说不出的诱惑力。

A.描写对象：_____；描写素材：_____；描写主题：_____。

B.看到（直接素材）_____，想到（间接素材）_____。

2.傍晚，一轮金黄色的圆月已经高高地悬挂在天空，向大地洒下皎洁的月光，像轻纱一样，是那么温柔。

A.描写对象：_____；描写素材：_____；描写主题：_____。

B.看到（直接素材）_____，想到（间接素材）_____。

二、描景片段练习（语言组合）

《夏令营》片段

早上，我们来到了一个风景优美的地方，远处有山，天上有云和小鸟。有一条小河，河水很清，河里有游来游去的鱼。我们选了河边的一个地方停了下来。有一片草地，我们扎好帐篷就围坐在一起，唱起歌来，有的同学还跳起舞来，好高兴啊！地上有五颜六色的小花，不知道叫什么名字，微风一吹就向我们点头。

1.描写主题：＿＿＿＿＿＿＿＿＿＿＿＿＿＿＿＿＿＿＿＿＿＿＿＿＿＿＿＿＿
＿＿＿＿＿＿＿＿＿＿＿＿＿＿＿＿＿＿＿＿＿＿＿＿＿＿＿＿＿＿＿＿＿＿＿＿＿＿

2.描写对象：＿＿＿＿＿＿＿＿＿＿＿＿＿＿＿＿＿＿＿＿＿＿＿＿＿＿＿＿＿
＿＿＿＿＿＿＿＿＿＿＿＿＿＿＿＿＿＿＿＿＿＿＿＿＿＿＿＿＿＿＿＿＿＿＿＿＿＿

3.片段问题：＿＿＿＿＿＿＿＿＿＿＿＿＿＿＿＿＿＿＿＿＿＿＿＿＿＿＿＿＿
＿＿＿＿＿＿＿＿＿＿＿＿＿＿＿＿＿＿＿＿＿＿＿＿＿＿＿＿＿＿＿＿＿＿＿＿＿＿

4.片段修改：＿＿＿＿＿＿＿＿＿＿＿＿＿＿＿＿＿＿＿＿＿＿＿＿＿＿＿＿＿
＿＿＿＿＿＿＿＿＿＿＿＿＿＿＿＿＿＿＿＿＿＿＿＿＿＿＿＿＿＿＿＿＿＿＿＿＿＿

（此处为空白稿纸方格，共十行）

三、详略得当之详细描写

1.观察描写对象：番茄。

观　察	直接素材	间接素材	描写主题
看			
听			
嗅			
触			
尝			

2.整理成段。

（此处为七行空白方格稿纸）

课后练习

根据所学内容，检查并修改《荷花》片段（先划线检查，后修改片段）：

我迈着轻快的步子来到湖边，想和荷花靠近一点儿。荷花五颜六色，千姿百态，显得分外美丽。近处是一朵已展开花瓣的荷花，长在荷叶上；远处是一簇含苞待放的花骨朵；旁边还有一个个的莲蓬。

分析：描写得怎么样？说明理由。

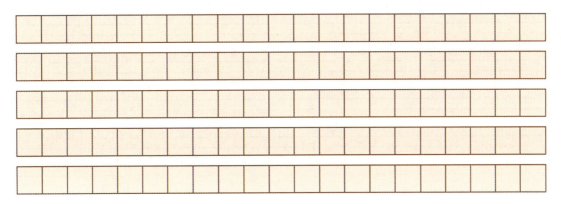

《荷花》片段修改

 **自主提升**

运用本单元所学的表达方法，观察思考，根据下面的词句提示描写片段。

1.春天的阳光，温暖，火炉子，绿色的大地，脸上，陶醉。

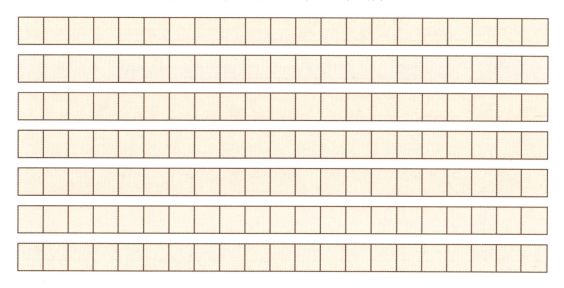

2.春天的白云，多姿，奔马，翻滚的浪花，白净的脸，可爱。

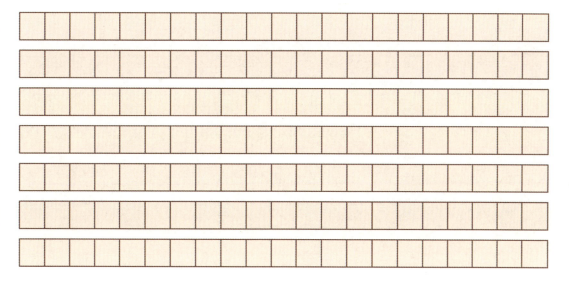

3.春风，温柔，慈母，脸颊，舒爽，心旷神怡。

4.三月的细雨，朦胧，绵绵，丝，雾，如梦的幻境，漫步其中，美丽与浪漫。

5.可爱，充满活力的生灵，燕子，电线，五线谱，小巧玲珑的音符，唧唧，春天的第一乐章。

第五单元

表达原理运用（二）

小学记叙文的写作目的是表达思想感受并说服读者认同，作文的语言及写作材料的运用都要遵循这个目的。如何让作文的语言打动人心？材料的运用如何做到详略得当？让我们一起来学习作文语言表达的核心理念，以及"详写""略写"的基本模式吧！

知识梳理

1.作文语言的目的：_____

_____

2.表达的核心理念：

① _____

② _____

③ _____

3.详写、略写的基本模式（方法）。

①详细描写：_____

_____

②简单描写：_____

_____

4.如何把作文写具体？

① _____

② _____

1.运用描写的方法写一段文字，体现天空美丽可爱（主体对象：天空；主题：可爱）。

2.运用描写的方法写一段文字，体现小河可爱（主体对象：小河；主题：可爱）。

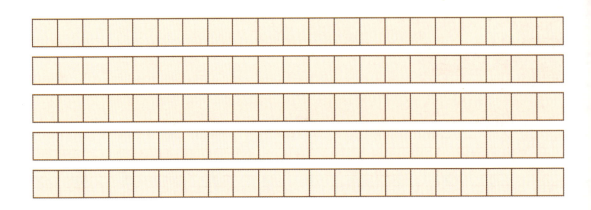

3.斟字酌句改片段。

　　我迈着轻快的步子来到湖边，想和荷花靠近一点儿。荷花五颜六色，千姿百态，显得分外美丽。近处是一朵已展开花瓣的荷花，长在荷叶上；远处是一簇含苞待放的花骨朵；旁边还有一个个的莲蓬。

　　① ……我迈着轻快的步子来到湖边，想和荷花靠近一点儿……

　　修改：

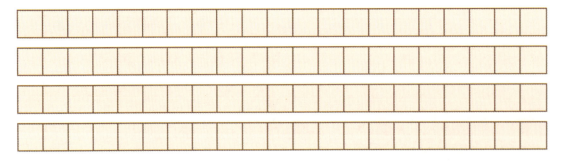

　　② ……荷花五颜六色……

　　修改：

③ ……千姿百态……

修改：

④ ……近处是一朵已展开花瓣的荷花，长在荷叶上……

修改：

⑤ ……远处是一簇含苞待放的花骨朵……

修改：

⑥ ……旁边还有一个个的莲蓬……

修改：

课后练习

阅读修改训练。

石 榴

今天下午放学回家，我一走进家门，就发现桌子上摆着几个大大的石榴。

那石榴看上去就像一个个的大洋葱，有的是淡黄的，有的是黄中带粉的，有的全粉，有的全红……虽然颜色众多，却并不鲜艳。仔细观察，你会发现，他们的外皮上还带着一些黑红黑红的斑点，看上去真像一个长满斑点的农村小姑娘，朴实、可爱。它既没有葡萄那样亮晶晶的皮，也没有香瓜那样的香气。不过你可千万不要被它的外表给欺骗了。

当我把皮剥开后，眼前就出现了一个美丽的小世界，薄膜把石榴内部隔成了一个个空间，里面是一颗颗石榴籽，让人垂涎欲滴。我迫不及待地拿起一颗放到嘴里，轻轻一咬，十分鲜美可口。

石榴不仅清爽可口，而且还有药用价值。听妈妈说，石榴能治拉肚子、哮喘等疾病呢。

怎么样？看了我的介绍，你的口水都快流出来了吧。赶紧去品尝一下吧，保证你回味无穷。

阅读练习：

1.列出文章的构思提纲，并思考是否合理。

2.作者的写作目的是什么？是否已实现？

3.划出文章的写作对象、直接素材、间接素材。检查是否有问题？如何修改？

4.修改作文第三自然段。

自主提升

（一）昙花

　　我的邻居张爷爷家种了许许多多的花，有粉红的月季花、红艳艳的太阳花、雪白的玉兰花……其中我最喜欢的是昙花，因此时常一个人去看它。

　　昙花的茎是深绿色的，肉多而厚；碧绿的叶子大而长，像一张张芭蕉扇，风一吹，又如同一个个翅膀，仿佛要腾空而起，好玩极了。

　　昨天晚上八时多，有四朵昙花变得圆鼓鼓的，越来越饱满，像是气球就要爆炸一样。张爷爷说，今晚昙花要开了。我听了非常好奇，想留下来目睹昙花一现的神秘与美丽。

　　不大一会儿，原来抱得紧紧的花苞慢慢地张开了，露出了洁白的花瓣，就像调皮的小姑娘一样笑逐颜开。在月色中，这四朵鲜花显得更加漂亮可爱了。大约半个小时后，整个花朵完全绽开了，此时那白净的花瓣润如玉，白如绢，轻如纱。在轻柔的月光的照耀下，它们是多么娇媚，多么诱人，多么可爱！真比牡丹要好上几倍！我如痴如醉地欣赏着它。能看见昙花一现的过程真是一种高级享受啊！夜风吹来，一阵阵清纯的香味散发出来，整套房子都能闻到这独特的香味，真是令人陶醉。这时，我才真正理解"昙花一朵香一片"的含义！大约到了九点钟，这四朵昙花慢慢地低下了头，收起了笑脸，好像很疲倦了。这就叫作"花开花落"吧！

　　听说，昙花属于仙人掌科，产于中美洲的墨西哥、危地马拉等地。它还有"月下美人"的称号。昙花不但可以观赏，还可以煮汤，对患有心脏病的人格外有好处。我想：原来昙花既好看又实用，真讨人喜欢。

阅读引导：

1.根据文章内容还原作者思路，列出文章的构思提纲。

2.划出写作对象和直接素材、间接素材，体会运用效果。

（二）草莓

春末夏初便是草莓成熟的季节了，走进草莓园子，你就踏上了一片葱绿的毯子，而那颗颗肥硕、鲜红的草莓无疑是点缀其间的精致宝石了。置身这片宁静的绿满地的苍翠令你心旷神怡，淡雅的清香令你沉醉不已。

俯下身子，贴近这片绿地，你会望见草莓那翠绿欲滴的叶子是三片生长在一个枝头的，它们成"品"字形排列着，犹如三个不离不弃的好兄弟。那椭圆形的叶子四周并不是弧线形的，而是长成了锯齿状；叶子的正面光滑油亮，背面却是灰白色的，如同长了一层细细的绒毛，看上去让人感觉有些粗糙，真的很神奇。

拨开叶子，一朵朵雪白的小花立刻跃入你的眼帘。草莓的花朵在初春便开放在枝头的中间了，每一朵花都是由五片粉嫩的、小扇子般花瓣组成，她们又像五只娇嫩的小手呵护着中央淡黄色的花蕊。在花瓣的呵护下，花蕊似乎更加欢快了，它们一个个挺直了身子，高高地探起脑袋，静静地打量着外面的世界。此时此刻，不觉中便有一缕清香飘过，令人倍感舒爽。

当花儿凋谢的时候，枝头上就会露出一个青绿色的、黄豆粒大小的草莓；随着时间的推移，小草莓的个头逐渐长大。看！它们有的大如花生，有的形如小杏，有的状如小灯笼，有的生似荔枝……随着个头的不断长大，草莓的颜色逐渐由青绿色变成乳白色；不知何时，胖嘟嘟的草莓顶端染上了一抹红，宛若戴上了一顶精美的小红帽，煞是可爱。当整个草莓都穿上红艳艳的裙衫时，就已经成熟了。把成熟的草莓摘下来，拿在手上觉得凹凸不平，又有些滑软。此时，那酸甜的气味早已扑鼻而来，你会禁不住把它放进嘴里吃起来，那肥嫩多汁的果肉，甜中透着一点儿酸，清凉爽口，真是美味极了。

草莓不但味美，而且是炎炎夏季降暑的优质果品。它含有多种维生素，有着非常高的营养价值。因此，常吃些草莓能预防疾病，有助于身体健康。

阅读引导：

1.列出作者的构思提纲。

2.划出文中的写作对象和写作素材。

（三）春天的美

当春天来临时，积雪融化，万物复苏，嫩绿的小草也偷偷地钻出了地面。

这正是万物复苏的阳春时节，桃灼灼的，柳依依的，一派生机。

春在枝头，柳条嫩绿，桃花鲜艳；春在空中，和风送暖，燕子翻飞；春在田间，麦苗返青，菜花金黄。

风，柔柔地吹；枝头，悠悠地闪；明媚的春光，洒在身上，暖在心里。烂漫的春光，啾唧的小鸟，透露着春的灵秀、春的欢乐。

阳光暖洋洋地照在脸上，使人陶醉。春天的太阳像个温暖的炉子，照在绿色的大地上，金光粼粼。春天的白云也格外多姿，像奔腾的小马，像翻滚的浪花，又像那春姑娘白净的脸……春风像个慈祥的母亲，拂着你的脸颊，使你感到舒爽，心旷神怡。春风吹过大地，大地变绿了；春风吹过田野，田野变成了金黄；春风吹过湖面，湖面就泛起了波纹……

　　一点点春意、一阵阵春风，甜润润的气息，使你感觉到了春天的美。

阅读引导：

划出写作对象和直接素材、间接素材，体会运用效果。

第六单元

状物作文原理

　　所谓"学以致用"，就是要把学到的理论知识运用到实际的操作实践中。之前我们已经学习了小学记叙文的构思及表达原理，现在就让我们一起来了解一下如何运用这些原理来写一篇优秀的小学状物作文吧！

　　1.构思理论基础。
　　2.构思提纲逻辑。

　　1.状物作文的认识：
　　①本质：_____

_____

　　②写作目的：_____

_____

　　③主体内容：_____

_____

2.表达核心理念状物作文应用：

①_____

_____

②_____

_____

③_____

_____

3.状物描景作文的基本表达方式（口诀）：

_____

_____

4.状物作文写作题材与思路：

①动物：_____

_____

②静物：_____

_____

A._____

_____

B._____

_____

课堂练习

一、分析下列物的结构（找描写对象）

橘子

月季花

柳树

二、阅读分析

石 榴

今天下午放学回家，我一走进家门，就发现桌子上摆着几个大大的石榴。

那石榴看上去就像一个个的大洋葱，有的是淡黄的，有的是黄中带粉的，有的全粉，有的全红……虽然颜色众多，却并不鲜艳。仔细观察，你会发现，他们的外皮上还带着一些黑红黑红的斑点，看上去真像一个长满斑点的农村小姑娘，朴实、可爱。它既没有葡萄那样亮晶晶的皮，也没有香瓜那样的香气。不过你可千万不要被它的外表给欺骗了。

当我把皮剥开后，眼前就出现了一个美丽的小世界，薄膜把石榴内部隔成了一个个空间，里面是一颗颗石榴籽，让人垂涎欲滴。我迫不及待地拿起一颗放到嘴里，轻轻一咬，十分鲜美可口。

石榴不仅清爽可口，而且还有药用价值。听妈妈说，石榴能治拉肚子、哮喘等疾病呢。

怎么样？看了我的介绍，你的口水都快流出来了吧。赶紧去品尝一下吧，保证你回味无穷。

阅读分析：

1.列出文章的构思提纲，并思考是否合理。

2.作者的写作目的是什么？是否已实现？

3.划出文章的描写对象、直接素材、间接素材。检查是否有问题？如何修改？

 课后练习

以《橘子》为题，列出构思提纲，然后根据提纲写出作文。

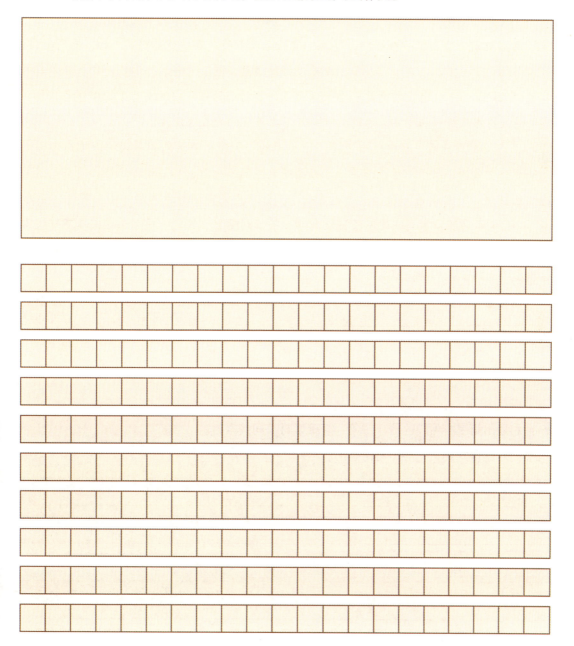

（一）石榴

今天下午放学回家，我一走进家门，就发现桌子上摆着几个大大的石榴。

那石榴看上去就像一个个的大洋葱，有的是淡黄的，有的是黄中带粉的，有的全粉，有的全红……虽然颜色众多，却并不鲜艳。仔细观察，你会发现，他们的外皮上还带着一些黑红黑红的斑点，看上去真像一个长满斑点的农村小姑娘。它既没有葡萄那样亮晶晶的皮，也没有香瓜那样的香气。不过你可千万不要被它的外表给欺骗了。

当我把皮剥开后，眼前就出现了一个美丽的小世界，淡黄色的薄膜把石榴内部隔成了一个个别致的小屋子，屋里摆着一颗颗晶莹透亮的石榴籽，那石榴籽就像上千个晶莹剔透的红珍珠，一层挨着一层，一个挨着一个，让人垂涎欲滴。看着那一闪一闪的"红珍珠"，我们不禁流口水。我迫不及待地拿起一颗放到嘴里，轻轻一咬，感觉就像有一块冰在嘴里突然间融化了，融化的汁水一直从嘴里渗透到心里，那滋味甜中有酸，酸中带甜，还微微带点涩味儿，十分鲜美可口。

石榴不仅清爽可口，而且还有药用价值。听妈妈说，石榴能治拉肚子、哮喘等疾病呢。

怎么样？看了我的介绍，你的口水都快流出来了吧。赶紧去品尝一下吧，保证你回味无穷。

阅读引导：

1.划出第三自然段的写作对象、直接素材、间接素材。

2.对比课堂例文，写出对比感悟。

（二）美丽的海棠花

星期一，老师让我们观察一盆海棠花。

从远处看，盛开在绿叶之中的海棠花，颜色非常鲜艳，就像一团团燃烧着的火焰，与绿叶形成了鲜明的对比。

走近看才发现，原来海棠花的花朵是由许多小花朵组成的。每一朵小花都像一滴红色的小水珠，散发着香甜的气息。

完全开放的海棠花颜色火红，就像孩子们的笑脸，笑得可真甜啊；即将开放的海棠花刚刚绽开了一两片花瓣，就像是一个小号角，我仿佛听到远处传来"嘟嘟嘟"的号角声；还未开放的海棠花则被绿萼环抱着，就像一个绿色的酒杯中盛满了深红色的葡萄酒，我真想端起来品尝一下它的美味……

如果说海棠花像一个美丽的少女，那么海棠花的叶子就像是她的衣服。可能与阳光的不均匀照射有关吧，圆圆的绿叶前端是深绿色的，后面则是浅绿色的。细细的叶脉均匀分布，与叶边一圈小锯齿组合起来，形成了这件绿衣的特殊花纹。最神奇的是，叶子上面还有一层细细的绒毛，就像是用来"保暖"的，非常可爱。支撑海棠花的花茎有的比较纤细，有的比较粗壮。纤细的花茎像姑娘柔软的腰肢，粗壮的花茎则像一个真正的男子汉挺拔的身躯。

我爱这棵美丽的海棠花，因为它装扮了我们的教室，美化了我们的生活……

阅读引导：

1.列出文章的构思提纲。

2.作者的写作目的是什么?

<table>
<tr><td></td><td></td><td></td><td></td><td></td><td></td><td></td><td></td><td></td><td></td><td></td><td></td><td></td><td></td><td></td><td></td><td></td><td></td><td></td><td></td></tr>
<tr><td></td><td></td><td></td><td></td><td></td><td></td><td></td><td></td><td></td><td></td><td></td><td></td><td></td><td></td><td></td><td></td><td></td><td></td><td></td><td></td></tr>
<tr><td></td><td></td><td></td><td></td><td></td><td></td><td></td><td></td><td></td><td></td><td></td><td></td><td></td><td></td><td></td><td></td><td></td><td></td><td></td><td></td></tr>
<tr><td></td><td></td><td></td><td></td><td></td><td></td><td></td><td></td><td></td><td></td><td></td><td></td><td></td><td></td><td></td><td></td><td></td><td></td><td></td><td></td></tr>
<tr><td></td><td></td><td></td><td></td><td></td><td></td><td></td><td></td><td></td><td></td><td></td><td></td><td></td><td></td><td></td><td></td><td></td><td></td><td></td><td></td></tr>
</table>

3.划出文章的写作对象、直接素材、间接素材。

第七单元

状物作文运用

"好文章是改出来的"，我们在原理的指引下写出了第一篇符合记叙文原理的状物作文，验证了状物作文写作原理的基本运用。我们在重读自己的作品时，回想原理的运用方法，有没有找出一些不太满意的地方？这个单元就让我们一起来继续领会状物作文的写作原理并学习如何修改作文吧！

 知识回顾

1.状物作文本质。

2.状物作文目的。

3.状物作文构思的思维逻辑。

 知识梳理

一、状物作文关键

1.结构：_____

_____

2.描写：_____

_____

3.核心口诀：_____

_____

二、小学记叙文写作步骤

1._____

_____

2._____

_____

3._____

_____

4._____

_____

三、状物作文修改口诀

1._____

_____

2._____

_____

3._____

_____

4._____

_____

课堂练习

《吊兰》写作分析：

1.基本分析

①《吊兰》作文本质：_____

_____

②《吊兰》作文目的：＿＿＿＿＿＿＿＿＿＿＿＿＿＿＿＿＿

＿＿＿＿＿＿＿＿＿＿＿＿＿＿＿＿＿＿＿＿＿＿＿＿＿＿＿＿＿＿

③《吊兰》作文主体内容：＿＿＿＿＿＿＿＿＿＿＿＿＿＿＿＿

＿＿＿＿＿＿＿＿＿＿＿＿＿＿＿＿＿＿＿＿＿＿＿＿＿＿＿＿＿＿

④《吊兰》作文主体描写对象：＿＿＿＿＿＿＿＿＿＿＿＿＿

＿＿＿＿＿＿＿＿＿＿＿＿＿＿＿＿＿＿＿＿＿＿＿＿＿＿＿＿＿＿

2.构思提纲

课后练习

（二选一）

1.修改作文《橘子》

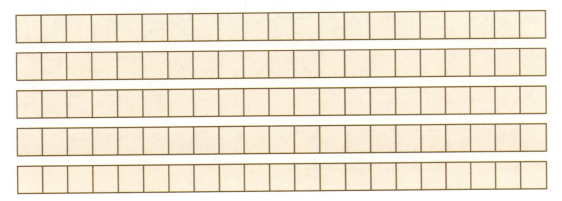

2.写作文《吊兰》

（格子作答区域）

自主提升

（一）月季花

有人喜爱鲜艳富丽的牡丹，有人喜爱幽香袭人的兰花，有人喜爱映日的荷花，我却独独喜爱那经久不凋的月季。

月季的茎是墨绿色的，又细又直，好像是花中的司令在显示自己的威武。她的叶子是翠绿色的，叶边呈齿轮形，好像是一把把锯尺。早晨，晶莹透亮的露珠顺着叶脉滴了下来，在阳光的照耀下，像珍珠一样闪闪发光。月季的花朵十分美丽光艳，一朵朵一簇簇，那么娇艳，像婴儿甜美的笑脸。花瓣鲜艳润厚，清香扑鼻，令人陶醉。月季开花有早有迟，一般在2—12月间花朵就陆续开放，一株上各种姿态的花都有。含羞待放的花骨朵像闺中待嫁的大小姐，刚刚有点绽放的花儿沾着露珠让人豁然开朗，完全盛开的花朵幽香四散让人陶醉。花托酷似小汤圆，上面还留有沁人心脾的花香呢！

宋代诗人杨万里曾写下"只道花无十日红，此花无处不春风"的优美诗句，来赞美月季那花季长久的习性。论华美它远不如牡丹，论气质它不如兰花，但它那经久不凋的意志无花能比。凡公司、名胜、学校、医院等都可以看见它的足迹，也可用为布置花坛，点缀家居。

月季的繁殖力十分旺盛，春天你只需把剪下的大枝干放入水中，待生根后再栽入泥土之中，便可成活了。月季的分布地区十分广泛，深受大家的喜爱，天津、大连、郑州、南昌、常州都把月季视为市花。

啊！月季，我爱你的秀美和恬静，更爱你那经久不凋、生命旺盛的习性，你不愧为花中皇后！

阅读引导：

1.列出文章的构思提纲。

2.作者的写作目的是什么？

3.划出文章的写作对象、直接素材、间接素材。

（二）牡丹

　　牡丹是我们中国的国花，同时也被称为"花中之王"。在浏河园花园山庄，牡丹可算得上处处都有，她以她的美让所有游客都惊叹。

　　她是五彩缤纷的。你瞧！红的、紫的、粉的、白的……朵朵都那么鲜艳，国色天香，让旁边不知名的野花都惭愧地低下了头。

　　她是无处不见的。一朵朵、一丛丛、一簇簇，一片姹紫嫣红，就像是来了"牡丹之国"。

　　她是千姿百态、亭亭玉立的。在牡丹园里，无数朵牡丹就构成了一整幅精美的画面，既像一幅瑰丽的苏州刺绣，又如一幅工笔大师手中的笔墨丹青。完全开放的牡丹如碗般大小，颜色呈嫩粉，却又渗着纯洁的白色，白里带粉，粉中透白，而花的中心是大红色。她银针般细的花蕊上沾满了金黄色的花粉，早有蜜蜂迫不及待地等着采蜜呢！说也奇怪，她的花粉与流苏一样，一丝一丝的。牡丹的花瓣也别有一番特色：底部圆圆的，中间的"肚子"鼓鼓的，头上则是凹进去了一角，粗看还挺像皇冠的，上面还镶上了珍珠似的露水，晶莹剔透。摸一摸，就如丝绸一样顺滑、柔软。一朵牡丹正是由上百层雍容华贵的花瓣组成的，层层叠叠，给人一种饱满感。衬托花的绿叶，大自然则在她的边框上勾勒出了一圈朱红色的边。还有刚展出一两片花瓣的，颜色没有盛开的靓丽，只是淡淡的粉，就像酣然入睡的婴儿，花瓣也将嫩黄色的花蕊遮盖住了。还只是花骨朵的，含苞欲放，摇晃着光秃秃的脑袋，但她外表上蒙了一层薄纱，朦朦胧胧。

　　她也是芳香迷人的。数十里远就闻到了牡丹奇特的香。这种清香不像百合那样清新，不像玫瑰那样浓烈，但同样沁人心脾，让人陶醉其中，流连忘返。

　　牡丹不愧为国花，不愧为"花中之王"！

阅读引导：

1.列出文章的构思提纲。

2.作者的写作目的是什么?

3.划出文章的写作对象、直接素材、间接素材。

第八单元

描景作文原理

景是物的组合，我们在熟悉小学状物作文写作原理的基础上，再去学习小学描景作文的写作原理，这个过程就会变得简单很多。这个单元让我们一起完成一次写作升级，一起学习描景作文的写作原理吧！

 知识回顾

小学记叙文写作步骤：_____

_____

_____

 **知识梳理**

一、描景作文认识

1.本质：_____

_____

2.写作目的：_____

_____

3.主体内容：_____

_____

二、描景作文题材分析及思路

1.换时布局：_____

_____

2.换位布局：_____

_____

3.分类布局：_____

_____

三、描景作文关键

1.结构：_____

_____

2.描写：_____

_____

3.核心口诀：_____

_____

课堂练习

习作《秋》

一、基本分析

1.《秋》作文本质：_____

_____

2.《秋》作文目的：_____

_____

3.《秋》作文主体内容：_____

_____

4.《秋》作文主体描写对象：_____

_____

二、构思提纲

课后练习

习作《我的卧室》

我的卧室

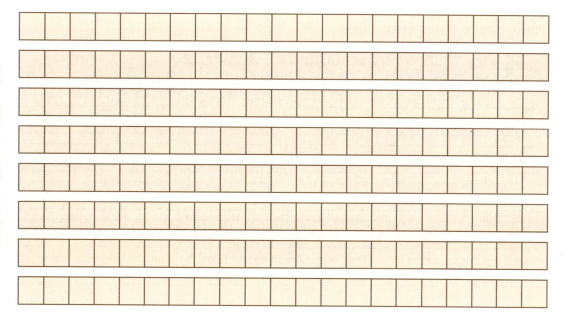

 自主提升

练习一　分析下列描景题材的结构（主体描写对象）

校园

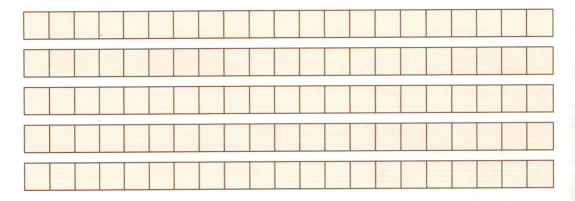

春天

秋天

家乡

<table>
<tr><td></td><td></td><td></td><td></td><td></td><td></td><td></td><td></td><td></td><td></td><td></td><td></td><td></td><td></td><td></td><td></td><td></td><td></td><td></td><td></td></tr>
<tr><td></td><td></td><td></td><td></td><td></td><td></td><td></td><td></td><td></td><td></td><td></td><td></td><td></td><td></td><td></td><td></td><td></td><td></td><td></td><td></td></tr>
<tr><td></td><td></td><td></td><td></td><td></td><td></td><td></td><td></td><td></td><td></td><td></td><td></td><td></td><td></td><td></td><td></td><td></td><td></td><td></td><td></td></tr>
<tr><td></td><td></td><td></td><td></td><td></td><td></td><td></td><td></td><td></td><td></td><td></td><td></td><td></td><td></td><td></td><td></td><td></td><td></td><td></td><td></td></tr>
<tr><td></td><td></td><td></td><td></td><td></td><td></td><td></td><td></td><td></td><td></td><td></td><td></td><td></td><td></td><td></td><td></td><td></td><td></td><td></td><td></td></tr>
<tr><td></td><td></td><td></td><td></td><td></td><td></td><td></td><td></td><td></td><td></td><td></td><td></td><td></td><td></td><td></td><td></td><td></td><td></td><td></td><td></td></tr>
</table>

练习二　对比体验

秋来了（一）

　　一场大雨过后，秋天悄悄地来到人间，来到田野，来到果园，来到我们的周围。她洗去夏天的炎热，给人们带来丝丝凉意。

　　在秋风的吹拂下，小草和树叶都枯萎了，风一吹，树叶都飘落了下来，地面上洒满了落叶。

　　花坛里的很多花都凋谢了，但是菊花盛开了，非常美丽。

　　田野里的稻子都成熟了，农民伯伯们都在忙着收割稻子，一片丰收的景象。

　　我爱秋天，我爱秋天特有的美丽！

秋来了（二）

　　一场大雨过后，秋天悄悄地来到人间，来到田野，来到果园，来到我们的周围。她洗去夏天的炎热，给人们带来丝丝凉意。

　　秋姑娘用她那多彩的画笔把小草、树叶都染成（　　　　）色，远远望去，大地好像铺上了（　　　　）。风吹过树顶，（　　　　）色的树叶随风飘落，旋转着，翻滚着，像一群（　　　　）。枫叶（　　　　）的，风一吹，好像（　　　　）在枝头跳跃。

　　花坛里虽然有很多花都凋谢了，但是菊花迎着阵阵秋风怒放，争芳斗艳，整个花园都显得生机勃勃。看那"千手观音"，花瓣层层叠叠的，好像向四周伸出的无数只粉嫩的小手；"绿牡丹"的花是翠绿色的，与叶子浑然一体，整棵花就好像用一块碧玉雕成的一样；"白孔雀"呢？是雪白雪白的，就好像一只只正在开屏的白孔雀……碧绿的叶，各色的花，整座花坛都显得热闹极了。

田野里的稻子成熟了，农民伯伯正在收割稻子。那（   ）的稻穗粒粒（   ），迎着秋风笑弯了腰，一阵秋风吹过稻海中掀起（   ）。你听，打谷机声、大人们的（   ）汇成一片，形成了一曲"丰收交响曲"。

果园里更是一派丰收景象，（   ）、（   ）的苹果挂满了枝头，好像许多小娃娃在绿绒被中酣睡；山楂树上结满了（   ）的山楂，远远望去就像一颗颗红星在闪烁；栗子树上也结满了像小刺猬一样的栗子，看着它们饱胀的要掉出来的样子，我想象着热乎乎的糖炒栗子的香甜……

我爱秋天，我爱秋天特有的绚丽多彩，我爱秋天特有的生机勃勃，我爱秋天那果实累累的收获和无限的希望。

对比引导：

1.填空，体会写作素材的运用。

2.划线，划出写作对象、直接素材、间接素材。

3.体会作者的写作思路。

第九单元

描景作文运用

　　"学而时习之，不亦说乎"，让我们一起在课堂案例的分析练习中，一起回顾状物描景作文的构思与表达原理，熟悉其基本运用，从根源上彻底解除小学状物及描景作文的写作难题吧。

知识回顾

　　1.描景作文构思原理

2.状物描景作文核心口诀

3.状物描景作文表达的核心理念

课堂练习

一、描景作文《校园》分析

1.本质：

2.写作目的：_____

_____

_____

3.主体内容：_____

_____

_____

4.主体描写对象：_____

_____

_____

5.适用布局模式：_____

_____

_____

二、描景作文《春天》分析

1.本质：_____

_____

_____

2.写作目的：_____

_____

_____

3.主体内容：_____

_____

_____

4.主体描写对象：_____

_____

_____

5.适用布局模式：_____

_____

_____

三、描景作文《家乡》分析

1.本质：_____

_____

_____

2.写作目的：_____

_____

_____

3.主体内容：_____

_____

_____

4.主体描写对象：_____

_____

_____

5.适用布局模式：_____

_____

_____

附录一

状物、描景作文阅读提升

"学习"是"学"与"习"两种行为的组合词，就是要求我们在学过理论之后，要通过大量复习、练习来达到掌握的目的。在学习过程中，最高效的学习方式就是：在明确作文原理的基础上进行大量的有效阅读。通过阅读，我们可以按照学过的原理进行分析验证，学会作者的构思技巧及语言表达技巧，"明理而得法，理通法自明"！

精读以下作文案例，每天一篇，通过划线标注等方式，去分析作者写了什么？怎么写的？优点是什么？缺点有哪些？

让阅读更高效，让我们的作文水平在练习中升华……

秋天的公园

秋天，我和妈妈到公园玩。走进公园，一阵芳香扑鼻而来，是什么这么香？噢，是美丽的菊花盛开着。大树下，有人在捡树叶做标本，有的坐在石椅上看报纸，还有的在谈往事。松柏还是绿绿的，让人觉得心旷神怡。坐在秋千上，一阵秋风吹来，让人顿时爱上秋天这个美丽的季节。枫树那火红的叶子，让人觉得仿佛夏天的炎热还没退去。平静的湖面上，偶尔有几只小船，正欣赏着它们的倒影。

秋天，你真美丽，我爱你！

1.这篇文章中间部分的结构是否清晰？原因是什么？

<table>
<tr><td></td><td></td><td></td><td></td><td></td><td></td><td></td><td></td><td></td><td></td><td></td><td></td><td></td><td></td><td></td><td></td><td></td><td></td><td></td><td></td></tr>
<tr><td></td><td></td><td></td><td></td><td></td><td></td><td></td><td></td><td></td><td></td><td></td><td></td><td></td><td></td><td></td><td></td><td></td><td></td><td></td><td></td></tr>
</table>

（空白作答方格，三行）

2.这篇文章在对每一种景物进行描写的时候，表达得怎样？说明你的理由。

（空白作答方格，七行）

秋天的雨

秋天的雨，是一把钥匙。它带着清凉和温柔，轻轻地，轻轻地，趁你没留意，把秋天的大门打开了。

秋天的雨，有一盒五彩缤纷的颜料。你看，它把黄色给了银杏树，黄黄的叶子像一把把小扇子，扇啊扇啊，扇走了夏天的炎热。它把红色给了枫树，红红的枫叶像一枚枚邮票，飘哇飘哇，邮来了秋天的凉爽。金黄色是给田野的，看！田野像金色的海洋。橙红色是给果树的，橘子、柿子你挤我碰，争着要人们去摘呢！菊花仙子得到的颜色就更多了，紫红的、淡黄的，雪白的、美丽的菊花在秋雨里频频点头。

秋天的雨，藏着非常好闻的气味。梨香香的，菠萝甜甜的，还有苹果、橘子，好多好多香甜的气味，都躲在小雨滴里呢！小朋友的脚，常被那香味勾住。

秋天的雨，吹起了金色的小喇叭，告诉大家，冬天快要来了。小喜鹊衔来树枝造房子，小松鼠找来松果当粮食，小青蛙在加紧挖洞，准备舒舒服服地睡大觉。松柏穿上厚厚的、油亮亮的衣裳，杨树、柳树的叶子飘到树脚下。它们都在准备过冬了。

秋天的雨，带给大地的是一曲丰收的歌，带给小朋友的是一首欢乐的歌。

阅读引导：

秋天的雨，实质上是在以雨为话题，介绍秋天的景物。

1.想一想，这篇文章是怎样观察的？划出写作对象和写作素材。

2.列出文章的构思提纲。

秋 趣

秋天来了，秋天来了，它悄悄地来到了我们的身边。

我看到了她，瞧！公园里那一朵朵千姿百态的菊花形态各异地在我面前欣然怒放：有的像一只只金凤凰展翅欲飞，有的像一个个红太阳高挂在"天空"，有的像一条条五彩的飞龙在草丛里穿梭，还有的像一个个金头发的小娃娃睁大眼睛在好奇地看着这个新奇的世界……看！秋风中，一片片落叶像彩蝶一样在碧蓝的天空中飞舞。它们慢慢落到地上，真像在给大地披上"毛皮大衣"啊！这许许多多的落叶又像一枚枚邮票，似乎在告诉大家："朋友们，冬天快要来了！请你们快快做好过冬的准备。大树妈妈，我走了！谢谢您养育了我，给了我生命，万分感谢您！我们明年春天再见！"

我听到了她！"沙沙沙"的秋雨声仿佛在叮咛土壤朋友："朋友，你一定要好好休息，让自己过一个舒适的冬天。""咚咚咚"，秋雨像个鼓手似的敲打着秋天的歌曲，欢庆着丰收的喜悦。

秋啊，我触到了你！你那如丝般的细雨在"荷叶妈妈"的手中滑过，又跳入水里，好像在和小鱼儿玩捉迷藏的游戏。秋天的雨是凉丝丝的，她挡住了夏天的炎热，带给我们凉爽的日子。

果园里，瓜果飘香：香喷喷的鸭梨在树上摇来晃去，红通通的苹果鼓着圆圆的小脸在枝上挤来挤去，金灿灿的橘子在绿叶间跳跃。它们好像在说："怎么还不来摘我？我要下来，我要下来！"啊！我闻到了你。你的香味无处不在：桂花在飘香，那清香仿佛让我走进了一个神奇的世界。我跳着，舞着，随着风儿轻轻地摇动。啊！我仿佛也变成了一朵娇美的桂花，在沙沙的树叶中舞动。

阅读引导：

1.秋趣实际上是观察感受秋天，熟读并列出本文的构思提纲。

2.观察秋趣作者都用到了什么观察器官？在文章中划出写作对象和写作素材。

3.本文在描写看到事物的时候，十分具体形象，原因是什么？摘录句子说明。

（答题格子，空白）

游黄山

曾经，我认识了一位朋友。在一次闲谈中，我问她："你此生最大的愿望是什么？"她说："能够到黄山旅游一趟。"她的回答让我耳目一新，在这物欲横流的当今，竟然有人把黄山放在这么高的位置。从此，黄山便深深地刻在了我的心中。

去年夏天，学校组织部分教师到黄山旅游，我有幸成为其中一员。我们坐完火车再坐汽车，经过漫长的旅途，终于来到了黄山脚下。

在山脚下看黄山并不觉得有什么特别，踏着人工开凿的台阶而上，到半山腰时黄山开始显露出她的丰姿来。山涧中的溪流清澈欢快地淌过；两旁的山石姿态万千，百看不厌；峭壁上的松树傲然挺立，耐人寻味。置身南部中国特有的山水间，不由令人神清气爽，朝气蓬勃。

来到黄山最有名的迎客松前，仰望光滑石壁上众多的名家石刻，其中"大块文章"四个字初看不甚理解，仔细思索后才豁然开朗，原来有人把黄山比作一篇文章。好的文章就是首尾呼应，引人入胜，读来令人荡气回肠，激情勃发。身临黄山之巅，俯瞰群峰，感觉不也如此么。

黄山的确是篇四海闻名、千名流传的美文。

黄山归来，"大块文章"四字在我心中不仅挥之不去，反而历久弥新。是啊！世上能够传播久远的不只是优美的文章，完美的东西不一定都是用笔写出来的，像万里长城、敦煌莫高窟、秦始皇陵兵马俑、当代的红旗渠……

那些心里装着老百姓，并没有刻意写文章的人，照样被传颂，像唐太宗、魏征、包公、海瑞、孙中山、周恩来、焦裕禄、孔繁森……

那些追求首尾呼应，为了完美自己的人生文章，不惜以死做结尾的人，照样光彩照人，像文天祥、谭嗣同、瞿秋白、方志敏、刘胡兰、江姐、张志新……

更有那各行名业，千千万万，与我父亲一样用粗糙的双手完美手中的文章，而辛苦劳作的人们……

哦！我心中的黄山不再是一座山，而是行为的善始善终，人格的不断完善，信念的执着追求，是中华民族绵延了五千年始终挺直的脊梁。

阅读引导：

1.列出文章的构思提纲。

2.作者的写作目的是什么？

3.本文在写作的时候用到了联想的方法，划出作者联想到的内容。

富饶的西沙群岛

西沙群岛是南海上的一群岛屿，是我国的海防前哨。那里风景优美，物产丰富，是个可爱的地方。

西沙群岛一带海水五光十色，瑰丽无比：有深蓝的，淡青的，浅绿的，杏黄的。一块块，一条条，相互交错着。因为海底高低不平，有山崖，有峡谷，海水有深有浅，从海面看，色彩就不同了。

海底的岩石上长着各种各样的珊瑚，有的像绽开的花朵，有的像分枝的鹿角。海参到处都是，在海底懒洋洋地蠕动。大龙虾全身披甲，划过来，划过去，样子挺威武。

鱼成群结队地在珊瑚丛中穿来穿去，好看极了。有的全身布满彩色的条纹；有的头上长着一簇红缨；有的周身像插着好些扇子，游动的时候飘飘摇摇；有的眼睛圆溜溜的，身上长满刺儿，鼓起气来像皮球一样圆。各种各样的鱼多得数不清。正像人们说的那样，西沙群岛的海里一半是水，一半是鱼。

海滩上有拣不完的美丽的贝壳，大的，小的，颜色不一，形状千奇百怪。最有趣的要算海龟了。每年四五月间，庞大的海龟成群爬到沙滩上来产卵。渔业工人把海龟翻一个身，它就四脚朝天，没法逃跑了。

西沙群岛也是鸟的天下。岛上有一片片茂密的树林，树林里栖息着各种海鸟。遍地都是鸟蛋。树下堆积着一层厚厚的鸟粪，这是非常宝贵的肥料。

岛上的英雄儿女日夜守卫着祖国的南大门。随着社会主义建设事业的发展，可爱的西沙群岛必将变得更加美丽，更加富饶。

《富饶的西沙群岛》是我们小学阶段要接触到的一篇课文。实质上，这篇课文也是动静观察的典范。边读边想，本文运用了哪些观察方法？其中对西沙群岛的结构是如何观察的？体会我们所学的表达方法。

槐树的四季

春天，我那枝条上早早地就发出一个个嫩绿的小芽子，一个个小芽就像是一棵棵刚蹦出土地的小草，可惹人喜爱了。在和煦的春风里，我那叶子很快舒展长大，又是一树绿意。下小雨了，同学们都躲在我下面跳皮筋，玩沙包，做游戏。顿时，我的下面又是一片欢声笑语！

夏天，我开花了，我的兄弟紫槐的花比我的花美，但只有我乳白色的花能吃，不信你尝尝就知道了。告诉你，困难的年代，许多人都靠食用我的花蕾熬过了饥荒。到了酷暑难熬的那几天，同学们就到我这儿来乘凉，虽然我也挺热的，有时候连叶子也晒蔫了，但看到同学们那高兴的神情，我顿时又有了精神。

秋天，我的叶子变黄了，一阵秋风吹过，我摆动着手臂，和那一片片心爱的叶子告别。他们依依不舍地离开我，打着旋儿慢慢飘落，黄黄的叶子就像一只只在风中翩翩起舞的蝴蝶，可美了！

严冬来临了，寒风在"呼呼"地刮着，我已经连一片叶子也没有了，我的叶子在根部慢慢地融进了土壤，等到来年，我的枝叶将更加美丽，更加茂盛。

同学们，你们可能还不知道我槐树的作用吧？告诉你，我的木材十分坚硬，有些叔叔把它作为优质的木具、车辆用材，我还可以提制成芦丁，做药用。

如果你走出校园，夏日漫步街头，闻着那一阵阵清香，你会不经意地发现，街道两旁整齐地排列着一棵棵高而大的洋槐树，这是我对城市绿化做出的突出贡献。

其实呀，我是北方地区具有代表性的树种，人们赋予我悠久而特殊的人文特征，人们一辈又一辈地传唱——"要问祖先哪里来，山西洪洞大槐树"。

熟读分析：

1.列出文章的构思提纲和表示动态顺序的关键词。

2.划出文章的写作对象和写作素材。

3.阅读上文，以《柳树》为题，列出作文构思提纲。

我家的石榴树

我家楼下有很多植物，比如石榴树、桃树、玫瑰、桂花……但我最喜欢的还是伴随我一起成长的石榴树！

春天，石榴树长出了嫩绿的叶子，真让人凉爽！在树下休闲，感觉更加好呢！一阵春风拂过，叶子翩翩起舞，好像每一片叶子上都有一个新的生命在颤动。

夏天，叶子显得更加葱绿茂盛，此时石榴火红的花开了，一阵清香扑鼻而来，让我们夏天烦躁的心情都被抛在九霄云外了。在远处看，那花朵就像一只只翩翩起舞的红蝴蝶，走近一看原来是像一个个火球一样的花朵呀！真是令人称奇。

秋天，咦？那火红的花朵呢？怎么不见了？原来它变成了一个个小石榴了呀！那石榴有小有大，有绿里带红的，还有红里带黄的……颜色五彩缤纷，一个个挂在树上，就像依偎在母亲怀里的婴儿。摘一个，把皮刨下来，对了，听妈妈说，石榴的皮还可以做药呢！当你肚子疼的时候，用石榴皮泡水喝就不疼了。打开石榴，里面果肉的颜色白里透红，晶莹透亮，如颗颗珍珠宝石，尝一口，呀！酸中有甜，真让人吃了还想吃！

到了冬天，石榴树的叶子都落光了，像一位孤独的老人。但是到了第二年的春天，它又将变成一个活泼可爱的小孩。这就让我们明白了一个道理："花有重开日，人无再年少。"我喜欢我家的石榴树，它不但美化了我家的环境，提供给我美味的石榴，也让我从它的四季变化中领悟了一些人生的道理。

熟读分析：

1.列出文章的构思提纲，列出表示动态顺序的关键词。

（此处为七行空白方格稿纸）

2.划出文章的写作对象和写作素材。

月 夜

那，是一个如诗如梦的境界，让人着迷，令人心醉啊，一切都那么富有诗情画意……

月亮出来了，睁着蒙眬的睡眼，披着金黄的纱巾，高高地悬挂于广漠的天宇之间。

天是那么的蓝，像一潭深蓝的湖水，不，不像湖水，湖水没有它那样纯，湖水多少也有一点儿绿意。

那么它像什么呢？

姑且用一块蓝宝石来形容它吧！

浩瀚的、一望无际的天空闪烁的不是一颗颗小星星吗？哦，它们天真活泼，不停地眨着眼，像是在嬉闹游玩。

咦，那隔着一条"河"的不正是牵牛星和织女星吗？他们一定也在提着灯笼畅游呢！

月亮在缓缓地走着，安静，闲适。

我也随着它漫步在小园香径。小花坛里虽然没有珍奇的花草，却也那般的让人陶醉。最显眼的是那一朵朵菊花，在月下，好像很羞涩似的，微微合起美丽的花瓣，依然楚楚动人；茉莉花虽然没有漂亮的花瓣，但香气足以压倒一切，那么清淡而又浓烈。

不，这不矛盾，那股幽香确实是难以表达清楚的。

走到那块小池塘前，看着那深蓝色的水，看着水上碧绿的莲叶，看着莲叶上那调皮的青蛙，心儿也不由得欢畅起来。

那叶子，绿的发黑，嫩的欲滴，朵朵粉红色的莲花更是可爱，出淤泥而不染。它们那么冰清玉洁，挺立于泥水之中，真让人敬佩啊。

一丝凉风吹来，我深深地吸了一口气，好甜啊！那么的清新、芳香，吹走白天的燥热，吹来一股清爽与恬静。

它是那么的美好、恬静，是安逸与柔美的化身，令人向往，让人回味。

熟读分析：

1.列出文章的构思提纲，并列出表示动态顺序的关键词。

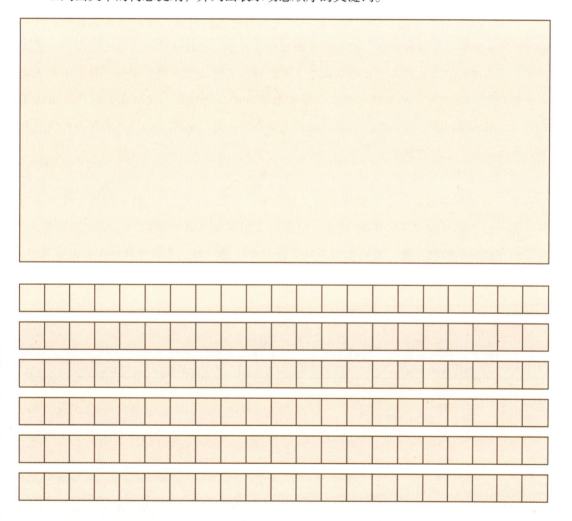

2.按构思提纲分段落。

3.划出文章的写作对象和写作素材，体会形象联想、感想、感受的表达运用。

夏天的雨

六月里的天气，活像顽皮娃娃的脸，说变就变。上午还是阳光灿烂，万里无云，下午却突然翻了脸，漫天的乌云层层叠叠，像长江的波浪一浪盖一浪，气势汹汹地向大地压下来。大地之间的一切都笼罩在阴霾之中。

突然，雷雨的"先驱者"——风神不知鬼不觉地跑来了。一阵紧似一阵的狂风吹得街边的小树委屈地弯下了腰；大树的枝条在空中像着了魔一样乱抽乱打。不知过了多久，风终于停了下来。大街就像用毛巾洗过脸一样，变得十分干净。

但是，这样的平静还不到几分钟，一道道曲折光亮的闪电，像一条条浑身带火的赤练蛇，飞向那混沌汹涌的云层。那轰隆隆的炸雷带着令人恐惧的呼啸声随之而来。它震得楼房在微微颤抖。雷电在天空横行霸道了十多分钟，那阴云密布的天空终于掉下了黄豆般大小的雨点。雨点打在池塘的水面上，变成数不清的水泡；落在皮肤上，似乎还隐隐发痛。雨，越来越大了，房顶上的雨水从房檐上像瀑布一样泻到地上，以滴水穿石的神奇力量，在地上留下了一排整齐的窝点……

大约过了半个小时，雷电消失了，雨似乎失去了"靠山"也越来越没劲了。雨，终于停了，天空十分明朗，空气里带着泥土的芬芳，使人陶醉。雨后的一切都变得这么美好！你听，不远处传来了小鸟的欢啼；你看，太阳不知什么时候露出了它火红的脸庞，用它的光辉重新拥抱大地。天地之间架起了五彩缤纷的彩虹。多么神奇迷人的大自然啊，我爱你！

熟读分析：

1.列出文章的构思提纲，并列出表示动态顺序的关键词。

（此处为五行空白方格书写区）

2.划出文章的写作对象和写作素材。

3.思考写作对象的来源。

南方的雨

我很喜欢雨，居住在南方的我，或许是这里潮湿而大河众多的地界，让我喜欢上了雨。

春天的雨，感觉很清新。雨中漫步也是我喜欢的，雨不大，软毛一般地下，落在手臂上、脸庞上，凉丝丝的，却是一种很舒服的感觉。在林间、路上、草丛边，一阵柔柔的春风吹过，衬托着细柔的春风从带着草根的泥土，送来一股清新，令人沉醉。

在春雨中举着风车奔跑的小孩，风车呼啦啦地转，在草地上跑，一直跑，迎面扑来的风夹带着星星散散的雨，轻抚在身上。似乎是不知累了，一面跑，一面跳。偶尔扑倒在地上，索性就不起来了，置身心于这春天的怀抱中，却渐渐伴着花香酣睡在草地上。春雨洒落在大地上，湿润了被封冻的土地，泥地里也显露着生机，叫醒了万物，一切都被这点点的春雨擦拭得焕然一新。春雨是春天的使者，经过它的滋润，生命之花便绽开了。春雨，很柔，很软，星星散散的雨点，到处都是。

同样是雨，我也喜欢南方夏季时节的雨。这是一种有骨气的雨，来得很猛，很快，刚才还是艳阳高照的天空，说不定就会来一场暴雨，而且也说不准多久才会停，或许一次就是一连好几天的雨，就算水涨到把河堤淹了也丝毫没有停的意思。雨下得也很有劲，像是无数的小珠子，从天上落下来，砸得雨棚、树叶都噼里啪啦地响，再伴着大风和雷电的鼓劲，那雨更是来劲了，一直不停地下，任由那雨棚、树叶被它打得乱响。同样是雨，夏雨的性格却与春雨全然不同。

暴雨过后的城市，总能看到缤纷美丽的彩虹，这像是暴雨送给人们的礼物。小朋友看见彩虹，不由得尖叫："哇！彩虹哎！"于是，便和小伙伴一起驻足仰头欣赏彩虹的美丽。雨后的路面被洗得干干净净，整个城市也是如此。路面通常都会有积水，调皮的孩子看见后，便在水中乱蹦，那溅起的水花便向四处绽开。路过的孩子看见了，先是好奇地观看，然后便与他一起在水中乱蹦了。即使有人摔倒了，那也丝毫不会影响他们的兴致，从地上爬起来，又开始乱蹦了。殊不知，全身都被那溅起的水花浸湿了。

我喜欢雨，春天的雨轻柔、细腻，给万物带来了勃勃生机。夏天的雨很大很有劲，消除了人们夏日浮躁的心情，也赶走了夏天的炎热。

我喜欢雨，因为雨丰富了我的生活，因为雨滋润世间万物。在雨中静静地休息，它总会消除我心中的烦恼，带走我心中的忧虑。

我喜欢雨，南方的雨。

阅读分析：

1.本文作者表达了对南方雨的喜爱，阅读本文并列出构思提纲。

2.本文运用了什么构思方法，请举例说明。（划出表示顺序的关键词）

3.观察雨的时候，作者都运用了哪些观察器官，在文中画出相关的词语（写作素材）。

4.分析本文与前文《夏天的雨》在构思与表达上的差别。

（此处为空白答题格）

海滨夏夜

夜，来临了。这是一个非常幽美的海滨的夏夜。

夕阳落山不久，西方的天空，还燃烧着一片橘红色的晚霞。大海，也被这霞光染成了红色，而且比天空的景色更要壮观。因为它是活动的，当一排排波浪涌起的时候，那映照在浪峰上的霞光，又红又亮，简直就像一片片霍霍燃烧着的火焰，闪烁着，滚动着，消失了。而后面的一排，则又不停地闪烁着，滚动着，涌了过来。

随着夕阳的逐渐西沉，天空的霞光渐渐地淡下去了。深红的颜色变成了绯红，绯红又变成浅红。最后，当这一切红光都消失了的时候，那突然显得高而远的天空，则呈现出一片肃穆的神色。最早出现的启明星，在这深蓝色的天幕上闪烁起来了。它是那么大，那么亮，整个广袤的天幕上只有它在那里闪烁着令人注目的光辉，活像一盏挂在高空的明灯。

夜色加浓，苍穹中的"明灯"越来越多了。而城市各处的真的灯火也次第亮了起来，尤其是围绕在海港周围山坡上的那一片灯光，从半空倒映在乌蓝的海面上，随着波浪，晃动着，闪烁着，像一串串流动着的珍珠，和那一片片密布在苍穹里的星斗互相辉映，煞是好看。

在这幽美的夜色中，我踏着软绵绵的沙滩，沿着海边，慢慢地向前走。海水轻轻地抚摸着细软的沙滩，发出温柔的唰唰声。晚来的海风，清新而凉爽。我的心里，有着说不出的兴奋和愉快。

阅读分析：

1.列出文章的构思提纲，划出表示动态顺序的关键词。

2.本文主要运用了什么观察器官，划出文章的写作对象和写作素材。

乡间小夜曲

到了黄昏，乡村的夜晚开始了它的第一篇章：一头老牛用它那悠悠的脚步开始归圈了，每走一步，颈上的铃铛就会发出响亮而清脆的、充满温馨的叮当声，这铃声响彻在空旷的田野里，显得特别悦耳。

老农们听见了这响亮的牛铃声，抬起了那似弓的背，望了望天空，望了望今天的收获，哼着悠悠的小调漫步回家了。农妇听见了，远望着丈夫劳动的方向，急忙放下了手中的活，赶着为辛劳一天的家人做出一盘盘美味的家常便饭。在农田里嬉戏的小孩们听见了，一个个抬起了头，放尖了耳朵听，当他们辨认出这熟悉的声音后，就你追我赶地往家奔去。

铃声慢慢消失了，突然，喳喳的声音传了过来，便开始了乡村夜曲的第二章。不计其数的鸟儿齐鸣着，飞回了自己的家。树枝上、屋檐下，它们像小姑娘看见了自己的母亲，兴奋地投入母亲的怀抱一样热烈，又像是歌唱家演奏他们那华丽而优雅的乐曲。这声音越来越大、越来越清脆了，它们那美丽的叫声，就像是一场专门为大家举办的盛大的、优美的乡村演唱会。这动人的声音，犹如悠悠的潭水，又犹如明朗的月夜，让我陶醉。

鸟鸣声渐渐地变得不再清晰，不远处传来一声声叽叽喳喳的虫鸣声，夜幕已经降临，乡村夜曲的第三章也开始了。虫鸣声又成了新一章的主角，从草丛中、屋脚边、屋顶上、青石板之下，从四面八方，每一个角落都传出了它们的声音，再加上萤火虫的舞蹈，给人一种听觉与视觉的享受。孩子们也开始了有趣的捕虫活动，不知为什么，声音越小的地方，往往有很多稍大的虫子，它们的声音也往往是低沉的。而声音越大的地方，却往往只有几只很小的虫子，而它们的声音，往往是那么响亮，那么清爽，犹如女声合唱一般，听起来是那么温情与舒畅。突然，一个更大的声音从水塘之中传来：呱呱呱，这雄浑的声音，是多么有气势，听起来是那样有力，犹如男声合唱一般。这两种声音相互交替着，让人感到温暖与恬静。

乡村的夜曲，让人忘记了城市的喧嚣，给人以温馨、宁静、舒畅，令人神往。

阅读分析：

1.本文主要用了什么观察器官，观察到了什么？

2.找出本文都观察了哪些事物的声音，是从哪些方面表达出来的？（划线）

3.找出感受的词语，记住并且会应用。

4.对比前文《海滨夏夜》，本文的构思与表达分别有什么不同？

<table>
<tr><td></td><td></td><td></td><td></td><td></td><td></td><td></td><td></td><td></td><td></td><td></td><td></td><td></td><td></td><td></td><td></td><td></td><td></td><td></td><td></td></tr>
<tr><td></td><td></td><td></td><td></td><td></td><td></td><td></td><td></td><td></td><td></td><td></td><td></td><td></td><td></td><td></td><td></td><td></td><td></td><td></td><td></td></tr>
<tr><td></td><td></td><td></td><td></td><td></td><td></td><td></td><td></td><td></td><td></td><td></td><td></td><td></td><td></td><td></td><td></td><td></td><td></td><td></td><td></td></tr>
</table>

池塘四季

离我家十来米远处，有一个池塘，池里的水很清。池塘的四季都很美丽。

春天，小草绿了。柳树也发芽了。池塘边的野花开了，蝴蝶在翩翩起舞。

夏天的池塘更是美丽，青蛙在不停地叫着，小鸟在树枝上跳跃。一片乌云翻滚，顿时下起了雨。雨过天晴，太阳出来了，湖面上闪闪发光，天空中升起了一道彩虹。池塘更美了。池塘周围的小草上都挂满了水珠，使池塘的周围也更加美丽了。

秋天，池塘不再生机勃勃，秋风吹落了一片片的树叶，掉到池塘里。柳树也失去了往日的生机，小草和野花也枯萎了。

冬天来了，池塘凝固了。一场冬雪过后，池塘变了模样。白天孩子们在池塘上堆雪人、打雪仗，做着各种各样的游戏，晚上他们拿着各种各样的灯笼到池塘上玩。

啊，可爱的池塘，你虽比不上波涛汹涌的大海、水势平稳的西湖，但你给我们带来了幸福，带来了快乐。

阅读分析：

1.根据例文还原构思提纲。

2.划出文章中表示动态布局的关键词。

3.划出文章的写作对象和写作素材。分析文章的表达出现了什么问题。

4.选择其中的一个自然段进行修改。

电视机

　　我家有一台电视，它可不是普通的电视，那可是我爸爸新买的液晶电视机！

　　这台电视机大约宽65厘米，高45厘米，主体颜色为棕灰色，很大方、和谐。为了让这台电视机变得喜庆、漂亮，我给它盖上了一块红色的方格布，从远处看，就像一个盖着红头巾的新娘！

　　这台电视机不但外观好看，而且用途多种多样，对我们家庭的贡献很大，我们家每一位成员对它都"情有独钟"。我这个"可爱的祖国花朵"——儿童，就可以在少儿频道看精彩的动画片，课余时间我高兴地娱乐、放松；而爸爸就喜欢看《新闻联播》，了解国家大事和许多资讯；妈妈却看中国中央电视台（CCTV2）的《超市大赢家》，获得超市的最新情况，既省钱又合理地安排我们一家的饮食起居、生活开销；爷爷则偏爱CCTV5的体育节目和CCTV10的科学频道，他爱锻炼身体和研究科学常识；喜爱戏曲的奶奶就要找到戏曲频道，她会跟着电视机，戴上老花镜，看着字幕哼唱家乡的越剧。

　　这台液晶电视机默默地为我们家奉献，可以说是我们家的"功臣"。

阅读分析：

1.列出本文作者的构思提纲。

2.划出文章体现作用的句子，并写出作者是怎么体现物品作用的。

（空白答题格）

我家的一件珍品

谈起珍品，大家可能会想起郑板桥的作品，或是一把珍贵的军刀……而我家有一件珍品，对我们来说意义非凡。

我家的珍品是一台普普通通的录音机。在搬新家之前，许多陈旧的物品都不要了，唯独它留了下来，因为这台录音机里，有着每个人美好的回忆。

以前，奶奶还比较年轻，下班回来，就靠这台录音机来缓解疲劳。听上一段黄梅戏，跟着"咿咿呀呀"地唱上几句，甚至有时还会伴着音乐，手舞足蹈，心情当然是很不错。

爷爷对这台录音机也是情有独钟，听上几段新闻，了解了解国家大事。当然，他也会跟着轻唱一些抗日战争的歌曲，比如《地雷战》《抗日之歌》……

自从我上了幼儿园，妈妈便给我买了许多故事磁带。夜晚，当夜深人静的时候，唯有我床头柜上的录音机还在"工作"，播放一段段故事，诉说一个个道理，而我，就在录音声中入睡了。渐渐地，录音机成了我的知心伙伴，我也听了许多神话故事，有《女娲补天》《精卫填海》《嫦娥奔月》……录音机也就成了我的第一个启蒙教师。

如今，爷爷、奶奶都上了年纪。每当午后，爷爷都会在沙发上坐一会儿，手里捧着录音机，听着，听着，流下几滴晶莹的泪珠，他总是教育我要顽强，刻苦学习，长大一定要报效祖国。

一天，我放学回来，发现录音机上有了一层薄薄的灰尘。我轻轻地将它擦拭干净，望着这个陪伴了我近十年的录音机，我想起了自己童年时牙牙学语的我跟着录音机，一遍又一遍地跟读故事；想起了一轮明月挂在空中，录音机陪我入睡的情景……也不知怎么的，我的鼻子酸酸的，童年时的回忆像一张张照片似的在我脑海中放映，放映着一个个我儿时纯真而无瑕的梦。我开启了录音机，清脆而稚嫩的声音顿时在我耳边响起，我望着一片映红了半边天的晚霞，眼眶顿时湿润了。

我家的录音机，虽然很普通，并不像有些物品一样那么珍贵，但是它是我们一家人的一段美好的回忆，一段比任何物品都要珍贵的回忆。我相信，它称得上是我们家的珍品！

阅读分析：

1.这是一篇写物的作文，作者写得非常具体、生动感人，想一想原因是什么。

2.作者重点介绍了关于物的哪个问题？

（此处为空白方格答题区域）

3.列出文章的构思提纲。

（此处为空白答题区域）

4.我们应该怎样把物的作用写好？

（此处为空白方格答题区域）

<table>
<tr><td></td><td></td><td></td><td></td><td></td><td></td><td></td><td></td><td></td><td></td><td></td><td></td><td></td><td></td><td></td><td></td><td></td><td></td><td></td><td></td></tr>
<tr><td></td><td></td><td></td><td></td><td></td><td></td><td></td><td></td><td></td><td></td><td></td><td></td><td></td><td></td><td></td><td></td><td></td><td></td><td></td><td></td></tr>
<tr><td></td><td></td><td></td><td></td><td></td><td></td><td></td><td></td><td></td><td></td><td></td><td></td><td></td><td></td><td></td><td></td><td></td><td></td><td></td><td></td></tr>
</table>

我的书橱（一）

　　我的房间里有一个书橱。它的外表是奶白色的，上面贴着我喜欢的照片。它的样子像一台大电视，里面放着各种各样我的私人物品。我非常喜欢它。

　　别看书橱小，功能可大着呢！书橱的第一层放着我的一些学习用品和作业夹。第二层摆布的东西就更多了：有大小不一的字典、插满各式各样笔的笔筒、英语磁带、象棋……第三层全部都是我喜欢看的课外书：《科幻小说》《小哥白尼》《一千零一夜》……书橱的最下面是一个柜子，里面放着我收藏的各种"宝贝"。其中我最喜欢的两样东西非遥控汽车和望远镜莫属了。望远镜是妈妈出差去北京时给我买的，能看到1000米外的事物，还可以调整远近，能帮我在春节的时候看美丽的烟火。遥控汽车是我生日时，我的好朋友送给我的。它披着一身绿色的外衣，所以我给它取名"绿色战士"。它具有很好的越野功能，而且减震效果很好，上次我还用我的"绿色战士"打败了隔壁小军的"黑旋风"。

　　书橱是我获得知识和快乐的海洋，是我的好伙伴。

我的书橱（二）

　　我的小书橱位于我的房间的东北角。它非常漂亮，是我学习的好伙伴。

　　书橱的外观非常大气，光滑的外表使书橱在灯光下闪闪发亮，像一颗黑色的、巨大的宝石。外壳像镜子一样映出人物的影子。书橱的门分上下两层，上面是一层玻璃门，下面全是木质的，中间的白色部分像一块方形的大珍珠。整个书橱像一块闪闪发光的水晶。

　　书橱分上下两层，上层有四层，每一层都放着不同的图书。下层有两层，每一层也都放着不同的图书。第一层放着《三十六计》《弟子规》《好兵帅克》《三字经》《一千零一夜》等图书，第二层放着《幼儿智力世界》《七龙珠》《十万个为什么》《漂来的狗儿》《童谣百首》之类的图书。

这么多年来，我的小书橱背着一大袋书，却从来没有向我叫苦喊累。我喜欢我的小书橱。

阅读分析：

1.分别列出两篇文章的构思提纲。

2.对比两篇文章，看看分别有什么优点和缺点，总结出来填在下面。

（此处为空白方格稿纸，共五行）

我家的客厅

走进我家的客厅，展现在眼前的是一个长方形的水族箱。水族箱里生活着许多色彩斑斓的热带鱼，它们的颜色有雪白的、金黄的、火红的、银白的，它们在水里尽情畅游着，令人目不暇接。水族箱上还有一个外貌酷似花瓶的电灯，要不仔细看，还真分辨不出来呢！真是"不识庐山真面目"啊！

客厅中心，摆设着一套高级樟木桌椅，它们的表面十分光亮，甚至都可以当镜子用了！樟木椅的扶手上，还不时散发出淡淡的香味，真是令人心旷神怡。

坐在樟木椅上，一眼就可以看到西面墙上的一幅山水画。画中，远处一轮旭日正缓缓地升起。近处，山峰直插云霄，崇山峻岭间的瀑布将山水倾盆而下，瀑布下方，是一潭清澈的湖水，湖面微波粼粼，漂亮极了。这幅栩栩如生的画，可是我的爸爸创作的，上面还印着章呢！

山水画旁，是一张张用相框挂起来的奖状，都是我参加全国作文比赛时获得的"胜利品"。每当客人来家里做客，看见这些发着金光的奖状，总会对我竖起大拇指。这些奖状不仅是我的骄傲，更是爸爸妈妈的骄傲。

视线右转，一个正打着手机，大额头、弯鼻梁的男孩会映入你的眼帘，你可能不禁要问，那是谁啊？哈哈，告诉你吧，那是我爸爸用我的照片制作出来的大相框，有意思吧！

在朝北的窗户旁，摆设着一台彩色电视机，每天都播放着家人喜欢的电视剧，它使我们的生活变得丰富多彩。除此之外，它每天还向我们一家人传播各种信息，使我们足不出户，一览天下事。

这就是我家的客厅！

阅读分析：

1.列出文章的构思提纲。

2.划出文章的写作对象、写作素材。

3.体会情感的表达方式。

记事作文本质

　　小学记叙文的题材分为人、事、景、物四大类，其中，景、物、人都是客观存在的具体物质。而"事"就是相对抽象的"虚"的存在，发生过后，只是存在于人的精神世界里。而要想把你精神世界里存在的"事"告诉读者，让读者具体了解，那么就必须明确记事作文中"事"的本质及其存在的依据，按照记事的最基本要求把"事"在你的文章里描述出来。从根本上讲，"事"的表现离不开生活中"物"的存在。

一、了解记事作文（什么是"事"）

　　想写好记事作文，就必须理解作文中的"事"是什么、它的来龙去脉，以及它在记事作文中存在的依据是什么。只有这样，我们才能找到记事作文习作的方法，具体、形象地描述我们脑海中的"事"。

　　想一想：作文中的"事"到底是什么？如何在作文中体现？根据个人的理解说说自己的想法。

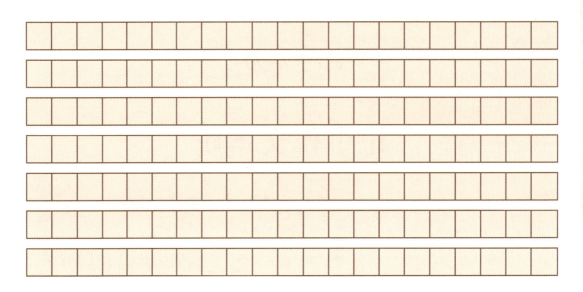

课堂案例：鲁迅作品《孔乙己》片段。

孔乙己一到店，所有喝酒的人便都看着他笑，有的叫道："孔乙己，你脸上又添上新伤疤了！"他不回答，对柜里说："温两碗酒，要一碟茴香豆。"便排出九文大钱。他们又故意地高声嚷道："你一定又偷了人家的东西了！"孔乙己睁大眼睛说："你怎么这样凭空污人清白……""什么清白？我前天亲眼见你偷了何家的书，吊着打。"孔乙己便涨红了脸，额上的青筋条条绽出，争辩道："窃书不能算偷……窃书！……读书人的事，能算偷么？"……

思考：这段文字记录的是什么？

案例启发：

1.什么是记叙文中的"事"？

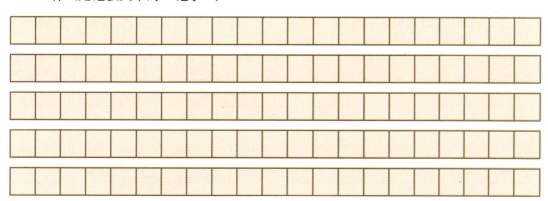

2.什么是记叙文中的"记事"？

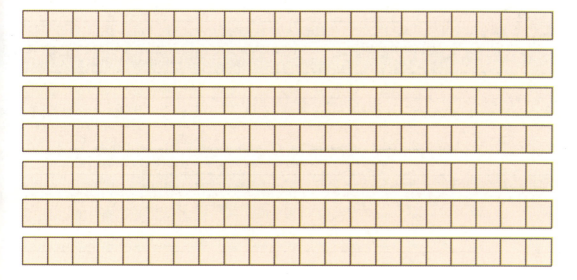

3.什么是"记事作文"？

二、记事作文中人物活动有哪些？如何体现？

活动
外在 {
_____
_____
_____
}

内在 {
_____
_____
}

三、人物活动描写的目的

目的一：_____

_____

_____

目的二：_____

_____

_____

四、记事作文人物活动描写的关键

关键一：_____

_____

_____

_____

关键二：_____

_____

_____

_____

_____

课堂练习

1.老头儿看到梳妆匣，就去抢。

（格子稿纸）

2.他脸上露出愤怒的表情。

（格子稿纸）

3.李星说："没看见。"

（格子稿纸）

4.她开心极了。

5.我很想被老师提问。

课后练习

一、摘抄片段

摘抄一段描写人物活动的片段，认真体会活动描写的目的并写下来。

（空格作文格）

描写目的

（空格作文格）

二、阅读分析

阅读下面的短文，找出问题并修改。

星期天，李胜军早晨起来就开始写作业，他拿起笔，没写几道题，就听到邻居家小勇来敲门，小勇叫他去打球，李胜军犹豫了，后来他想起自己定的"学习公约"，就没有去，并劝小勇也回家先写作业，小勇听了李胜军的建议，无奈地回家了。

存在问题：_____

_____

_____

修改片段：_____

_____

_____

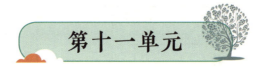

第十一单元

记事作文表达要素

知识回顾

1.什么是"事"?

2.人物活动有哪些?

3.人物活动描写的目的。

4.记事作文人物活动描写的关键。

知识梳理

一、记事作文语言表达三要素

1.描写对象:_____

_____

_____

2.描写素材:_____

_____

_____

3.描写主题:_____

_____

_____

二、记事作文关键词语举例

1.准确动作：_____

_____

_____

_____

2.表情：_____

_____

_____

_____

3.语气、语调：_____

_____

_____

_____

课堂练习

修改片段

星期天，李胜军早晨起来就开始写作业，他拿起笔，没写几道题，就听到邻居家小勇来敲门，小勇叫他去打球，李胜军犹豫了，后来他想起自己定的"学习公约"，就没有去，并劝小勇也回家先写作业，小勇听了李胜军的建议，无奈地回家了。

1.他拿起笔，没写几道题，就听到邻居家小勇来敲门。

问题分析：_____

_____

_____

修改：_____

_____

_____

2.小勇叫他去打球。

问题分析:＿＿＿＿＿＿＿＿＿＿＿＿＿＿＿＿＿＿＿＿＿＿＿＿

＿＿＿＿＿＿＿＿＿＿＿＿＿＿＿＿＿＿＿＿＿＿＿＿＿＿＿＿＿＿＿

＿＿＿＿＿＿＿＿＿＿＿＿＿＿＿＿＿＿＿＿＿＿＿＿＿＿＿＿＿＿＿

修改:＿＿＿＿＿＿＿＿＿＿＿＿＿＿＿＿＿＿＿＿＿＿＿＿＿＿＿＿

＿＿＿＿＿＿＿＿＿＿＿＿＿＿＿＿＿＿＿＿＿＿＿＿＿＿＿＿＿＿＿

＿＿＿＿＿＿＿＿＿＿＿＿＿＿＿＿＿＿＿＿＿＿＿＿＿＿＿＿＿＿＿

3.李胜军犹豫了，后来他想起自己定的"学习公约"，就没有去。

问题分析:＿＿＿＿＿＿＿＿＿＿＿＿＿＿＿＿＿＿＿＿＿＿＿＿

＿＿＿＿＿＿＿＿＿＿＿＿＿＿＿＿＿＿＿＿＿＿＿＿＿＿＿＿＿＿＿

＿＿＿＿＿＿＿＿＿＿＿＿＿＿＿＿＿＿＿＿＿＿＿＿＿＿＿＿＿＿＿

修改:＿＿＿＿＿＿＿＿＿＿＿＿＿＿＿＿＿＿＿＿＿＿＿＿＿＿＿＿

＿＿＿＿＿＿＿＿＿＿＿＿＿＿＿＿＿＿＿＿＿＿＿＿＿＿＿＿＿＿＿

＿＿＿＿＿＿＿＿＿＿＿＿＿＿＿＿＿＿＿＿＿＿＿＿＿＿＿＿＿＿＿

课后练习

分析片段，找问题并修改

门被打坏了，开了一个拳头大的窟窿。班主任来了，说:"谁踢坏的?"捣乱鬼董小天说:"没看见。"旁边的张小勇还帮董小天说话。高芳芳说:"是董小天踢的。"董小天不承认。老师说:"还有谁看见的?""没看见。"李星说。

问题分析:＿＿＿＿＿＿＿＿＿＿＿＿＿＿＿＿＿＿＿＿＿＿＿＿

＿＿＿＿＿＿＿＿＿＿＿＿＿＿＿＿＿＿＿＿＿＿＿＿＿＿＿＿＿＿＿

＿＿＿＿＿＿＿＿＿＿＿＿＿＿＿＿＿＿＿＿＿＿＿＿＿＿＿＿＿＿＿

片段修改:＿＿＿＿＿＿＿＿＿＿＿＿＿＿＿＿＿＿＿＿＿＿＿＿＿

＿＿＿＿＿＿＿＿＿＿＿＿＿＿＿＿＿＿＿＿＿＿＿＿＿＿＿＿＿＿＿

＿＿＿＿＿＿＿＿＿＿＿＿＿＿＿＿＿＿＿＿＿＿＿＿＿＿＿＿＿＿＿

如何写好一件事

1. "事"的描写对象。

2. "事"的描写素材。

3. "事"的描写主题。

一、如何写好一件事?

条理:＿＿＿＿＿＿＿＿＿＿＿＿＿＿＿＿＿＿＿＿＿＿

＿＿＿＿＿＿＿＿＿＿＿＿＿＿＿＿＿＿＿＿＿＿＿＿＿＿

具体:＿＿＿＿＿＿＿＿＿＿＿＿＿＿＿＿＿＿＿＿＿＿

＿＿＿＿＿＿＿＿＿＿＿＿＿＿＿＿＿＿＿＿＿＿＿＿＿＿

＿＿＿＿＿＿＿＿＿＿＿＿＿＿＿＿＿＿＿＿＿＿＿＿＿＿

形象:＿＿＿＿＿＿＿＿＿＿＿＿＿＿＿＿＿＿＿＿＿＿

＿＿＿＿＿＿＿＿＿＿＿＿＿＿＿＿＿＿＿＿＿＿＿＿＿＿

＿＿＿＿＿＿＿＿＿＿＿＿＿＿＿＿＿＿＿＿＿＿＿＿＿＿

动人:＿＿＿＿＿＿＿＿＿＿＿＿＿＿＿＿＿＿＿＿＿＿

＿＿＿＿＿＿＿＿＿＿＿＿＿＿＿＿＿＿＿＿＿＿＿＿＿＿

＿＿＿＿＿＿＿＿＿＿＿＿＿＿＿＿＿＿＿＿＿＿＿＿＿＿

二、记事核心口诀

三、记事作文基本思路

一、片段修改

门被打坏了，开了一个拳头大的窟窿。班主任来了，说："谁踢坏的？"捣乱鬼董小天说："没看见。"旁边的张小勇还帮董小天说话。高芳芳说："是董小天踢的。"董小天不承认。老师说："还有谁看见的？""没看见。"李星说。

1.班主任来了，说："谁踢坏的？"

问题分析：_____

_____

_____

修改：_____

_____

_____

2.捣乱鬼董小天说："没看见。"

问题分析：_____

_____

_____

修改：_____

_____

_____

3.旁边的张小勇还帮董小天说话。

问题分析：_____

_____

_____

修改：_____

_____

_____

二、看视频，找问题并修改片段

吉安来到明月家里，看到很多纸房子，他很吃惊。他看看纸房子，发现上面写着他和明月的名字，他感动极了，就开始喊明月的名字。

1.步骤分析：_____

_____

_____

2.人物具体活动：_____

_____

_____

3.片段修改

步骤一：_____

_____

_____

步骤二：_____

_____

_____

步骤三：_____

_____

_____

课后练习

分析片段，找出问题并修改

吉安看着满桌子丰盛的饭菜，听着家人们暖心的话语，他很愧疚，对老三、小五还有老四说："老三、小五、老四，我不是你们的好二哥。"老四说："二哥，别说了，我不想在这里演哭戏。"吉安又对明明说："儿子，爸爸谢谢你。"接着又对明月说："明月，你的纸房子是我最珍贵的东西。"明月和吉安的手握在了一起……

问题分析：_____

_____

_____

_____

修改：_____

_____

_____

_____

_____

_____

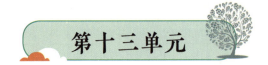

第十三单元

记事中的细节描写

一、描写的认识

1.描写的定义:_____

_____

_____

2.描写的目的:_____

_____

_____

3.描写的组成:_____

_____

_____

二、记事过程中的动作描写

1.动作描写的定义:_____

_____

_____

2.动作描写的目的:_____

_____

_____

3.动作描写的组成：_____

_____

_____

4.动作描写的注意事项：_____

_____

_____

三、记事过程中的语言描写

1.语言描写的定义：_____

_____

_____

2.语言描写的目的：_____

_____

_____

3.语言描写的组成：_____

_____

_____

4.语言描写的注意事项：_____

_____

_____

四、间接素材的运用

1.间接素材的含义：_____

_____

_____

2.间接素材的作用：_____

_____

_____

课堂练习

1.黑的人便把馒头卖给了老栓。

修改

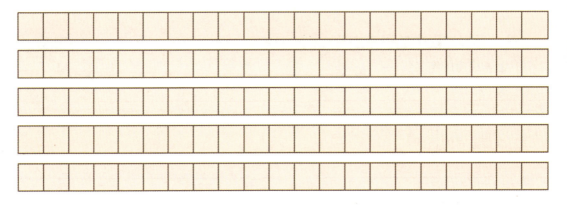

2.我小心翼翼地看了一下成绩，不及格，我很失望。

修改

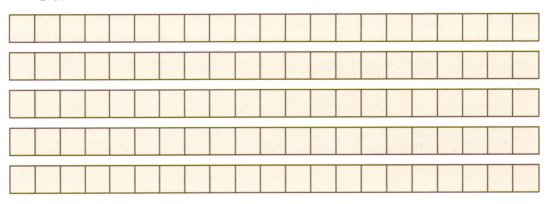

3.小丽抓到了一只蝴蝶，很高兴。

修改

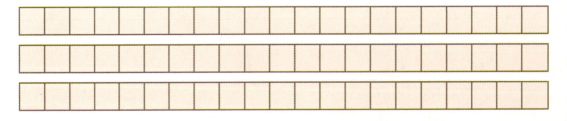

（空格稿纸）

4.捣蛋鬼董小天说："没看见。"

修改

（空格稿纸）

5.胆小鬼李星说："没看见。"

修改

（空格稿纸）

6.奶奶说："乖，奶奶喂喂。"妹妹说："俺不吃了，俺妈妈说俺吃了蝴蝶面就变成小蝴蝶飞了。"

修改

（空格稿纸）

（空白格）

课后练习

考试是学生阶段不可避免的过程，而考试过后发试卷的时候是同学们思想变化最激烈的时刻。请以《发卷》为题，根据自己生活中的切实感受，写一篇有关自己感受变化的小作文。

要求：

1. 400字以上。

2. 要描写出自己的心理变化过程（分步骤）。

（空白格）

第十四单元

记事作文的灵魂

一、记事作文的"以情动人"

记事作文中常用心理描写：

1.内心独白法：＿＿＿＿＿＿＿＿＿＿＿＿＿＿＿＿＿＿＿

＿＿＿＿＿＿＿＿＿＿＿＿＿＿＿＿＿＿＿＿＿＿＿＿＿＿＿＿＿＿＿

＿＿＿＿＿＿＿＿＿＿＿＿＿＿＿＿＿＿＿＿＿＿＿＿＿＿＿＿＿＿＿

2.直接描写法：＿＿＿＿＿＿＿＿＿＿＿＿＿＿＿＿＿＿＿

＿＿＿＿＿＿＿＿＿＿＿＿＿＿＿＿＿＿＿＿＿＿＿＿＿＿＿＿＿＿＿

＿＿＿＿＿＿＿＿＿＿＿＿＿＿＿＿＿＿＿＿＿＿＿＿＿＿＿＿＿＿＿

3.梦幻描写法：＿＿＿＿＿＿＿＿＿＿＿＿＿＿＿＿＿＿＿

＿＿＿＿＿＿＿＿＿＿＿＿＿＿＿＿＿＿＿＿＿＿＿＿＿＿＿＿＿＿＿

＿＿＿＿＿＿＿＿＿＿＿＿＿＿＿＿＿＿＿＿＿＿＿＿＿＿＿＿＿＿＿

4.环境描写法：＿＿＿＿＿＿＿＿＿＿＿＿＿＿＿＿＿＿＿

＿＿＿＿＿＿＿＿＿＿＿＿＿＿＿＿＿＿＿＿＿＿＿＿＿＿＿＿＿＿＿

5.活动描写法：＿＿＿＿＿＿＿＿＿＿＿＿＿＿＿＿＿＿＿

＿＿＿＿＿＿＿＿＿＿＿＿＿＿＿＿＿＿＿＿＿＿＿＿＿＿＿＿＿＿＿

＿＿＿＿＿＿＿＿＿＿＿＿＿＿＿＿＿＿＿＿＿＿＿＿＿＿＿＿＿＿＿

二、记事作文的情节

1.什么是"情节"：_____

_____

_____

_____

2.设置情节的关键：_____

_____

_____

_____

♥课堂练习

阅读并修改片段

　　语文课开始了，老师拿着批改好的试卷走上讲台，我很害怕，生怕自己考不好。发试卷的过程中，我一直都很紧张，等我拿到试卷后，翻开一看，48分，我彻底失望了，回家肯定会被爸爸妈妈惩罚的……

　　1.步骤分析：_____

_____

_____

　　2.发卷前心理描写：

3.发卷时心理描写:

4.看成绩时心理描写:

5.看成绩后心理描写:

 课后练习

1.根据课堂内容，整理成作文《发卷》。

（空白作文格）

2.对照自己上节课写的作文《发卷》，体会作文如何做到"以情动人"。

第十五单元

记事作文难点解析

知识梳理

一、记事作文目的及分类

1. 目的：_____

_____

_____

2. 分类：_____

_____

_____

二、写好一件事

1. 没事可写?_____

_____

_____

2. 没思路?_____

_____

_____

3. 不会成文?_____

_____

_____

事例分析

1.列举生活中开心的事：_____

_____

_____

2.列举生活中生气的事：_____

_____

_____

3.学校发生的事：_____

_____

_____

4.家庭发生的事：_____

_____

_____

5.读过的事：_____

_____

_____

6.分析作文《第一次》。

①为什么要做这件事？

②你怎么做的？

③中间有什么困难、意外？

④最后结果怎么样？

⑤思考：这件事让你有什么样的收获或感受？

 课后练习

根据上课内容写作文《第一次_____》。

第十六单元

记事作文总结

知识梳理

一、记事作文选材

没
事
找
事

1._____

2._____

3._____

二、"设计"思路

三、"准备"材料

1.情节设置_____

_____

_____

2.描写内容_____

_____

_____

四、"施工"写作

1._____

_____

2._____

_____

3._____

_____

五、"验收"修改

1.是否条理_____

_____

_____

2.是否具体_____

_____

_____

3.是否形象_____

_____

_____

4.是否动人_____

_____

_____

第一次做饭

我经历过很多第一次，如第一次骑自行车，第一次自己上学，第一次值日等，但给我留下印象最深的是第一次做饭。

暑假里的一天清晨，爸爸去打网球不在家，妈妈上夜班没回来。我晨读了15分钟左右，感觉到自己肚子在咕噜咕噜叫个不停。心想，等爸爸、妈妈回来还不知道什么时候，自己已经是四年级的学生了，什么时候才能自己学会做各种各样的饭菜呢？如果没有第一次，永远也学不会，不如今天试着做一次吧！

我决定先学着做一次比较简单的饭——煮方便面。首先，我用一个小锅盛了半锅水，放到了煤气灶上。其次，我试着按大人平时的动作打开煤气灶的总开关，用手向左拧；然后打火，用手往下一按，再用一点儿劲往左拧。第一次没有打着，我又试了两次，第三次终于打着火了。再次，我用刀切开一个西红柿，切碎几根香菜。这时候，水开了，我拿出一个鸡蛋，在火台边轻轻一磕，用手缓缓地掰开，迅速放进锅里，大约两分钟以后，估计鸡蛋快熟时，将西红柿、方便面放入锅里，分别把三袋调料倒入锅里。再过大约一分钟，用一小布巾垫着，将锅端下，把香菜放入锅里。一锅香喷喷的方便面就做成了。津津有味地吃着自己做的方便面，心里别提有多高兴了。

以后，我还要学做各种各样的美味佳肴。

分析：起因、经过、结果；步骤；因果关系应用。

评价：

有趣的课间活动

　　今天一下课，同学们就拿起吹泡泡的工具玩起来。你看，有的同学歪着头吹，有的同学仰着脸吹，有的跳着笑着追泡泡。那吹出来的肥皂泡泡有的像五彩缤纷的气球往上飘呀飘，有的像身穿彩衣的顽童在空中追逐嬉戏，有的三四个贴在一起像在说悄悄话儿，有的成群结队像空降兵在缓缓飘落。

　　我用吹管蘸了些肥皂水轻轻地吹起来，一下子，管口冒出了一个小彩球，它越来越大，在管口边上转起圈圈，不一会儿，成了一个"大宝葫芦"，可有意思了！我小心翼翼地把"大宝葫芦"放在桌上，再吹了两个小泡泡在它身上，嘀，一只可爱的"米老鼠"诞生了！看着自己的杰作，我忍不住得意地笑了。

"猫咬老鼠喽，快跑啊！"我顺声一看，只见晓妤同学的桌上蹲着一只"猫"，它正虎视眈眈地盯着我的"米老鼠"呢！真是无巧不成书，在这关键时刻，只听轻轻一响，这是泡泡破裂的声音！哎，我的"米老鼠"招架不住，"丧生"了。"哎哟，真没出息！"我在心里暗暗怪"米老鼠"。看着晓妤那得意劲儿，我可不甘示弱，笑嘻嘻地说："哼！你会吹猫，我就不会吹老虎啊，咬死你！"我把蘸了肥皂水的吹管往嘴里一塞，瞪着眼睛，鼓起腮帮子，使劲地吹。眼看"老虎"身子越来越大，我可高兴了，"看谁吹的泡泡厉害！"我刚想着，只听"砰"的一声闷响，"老虎"身子爆炸了，真是好事多磨呀！围观的同学不由自主地发出了叹息："哎呀！真可惜！""怎么破了呀？""别急，小心吹。"我也暗暗安慰自己："没事，再吹。"我又小心翼翼地吹了起来。

"丁零零，丁零零"，上课铃声却不知趣地在这时响了起来，我连忙收起吹泡泡的工具，对晓妤说："第二节课下课再来玩，我一定咬死你的猫！""哈哈哈，奉陪到底！"

啊，十分钟虽然短暂，却给我们带来了无限乐趣。它让同学们的身心变得愉悦，让紧张的学习变得轻松，让同学们的思维更加活跃，让同学之间的友谊更加深厚，让我们的生活丰富多彩。

评价：_____

_____

_____

_____

_____

_____

_____

课后练习

根据上课内容，修改作文《第一次_____》。

第十七单元

写人作文

知识梳理

一、写人作文目的

_____

_____

_____

_____

_____

_____

_____

二、写人作文分类

1.以介绍为主：_____

_____

_____

2.以抒情为主：_____

_____

_____

三、写人作文构思

1.写人作文

2.动物作文

四、写人作文的表达

1.写人外形的描写材料：_____

_____

_____

_____

2.写人内在的描写材料：_____

_____

_____

_____

写作分析

（一）我们班的淘气鬼

你知道我们班的淘气鬼是谁不？那就是大名鼎鼎的明昇同学。

他的脸庞圆圆的，就像是一个圆圆的大苹果，上面还镶嵌着一对水汪汪的大眼睛，使他看起来既帅气又有型。但是，你可别被他迷人的外表给唬住了，他可不是一盏"省油的灯"。

有一次，我们班的狄凌宇过生日，同学们都来祝贺她。明昇眼珠一转，向大家提议说："今天，咱们班的美女过生日。我先给小寿星唱支生日歌助助兴，好不好？"大家异口同声地说："好！"和着大家的掌声，明昇"深情"地唱道："祝你生日倒霉，祝你蛋糕发霉，祝你缺胳膊少腿，祝你越吃越肥，祝你……"还没等明昇唱完，只见狄凌宇两眼冒火，拳头紧握，怒气冲冲地眼看就要把"三昧真火"烧向明昇。看到狄凌宇生气的模样，明昇又"火上浇油"地对就要"抱头鼠窜"的同学们说："怕什么，快来拿盆水灭火呀！"狄凌宇一听，更生气了。她和她的"死党"上来就对我们又是"打"又是"骂"，那副惨状可真是没法形容。幸亏明昇跑得快，要不，淘气的他肯定是"体无完肤"了。

还有一次，明昇考了100分。下课了，同学们都来向他表示祝贺，他却一本正经地说:"我以后要再接再厉,继续作弊!"同学们一听,一下子乐得"人仰马翻",乱作一团,害得走到教室门口的老师竟莫名其妙了好一阵子。

　　这就是我们班的淘气鬼——明昇,他的"事迹"说上三天三夜恐怕也说不完,欢迎大家亲自到我们班来对他"验明正身"!

　　1.基本分析
　　①《我们班的淘气鬼》作文本质:＿＿＿＿＿＿＿＿＿＿＿＿＿＿＿＿＿＿＿＿
＿＿＿＿＿＿＿＿＿＿＿＿＿＿＿＿＿＿＿＿＿＿＿＿＿＿＿＿＿＿＿＿＿＿＿＿
＿＿＿＿＿＿＿＿＿＿＿＿＿＿＿＿＿＿＿＿＿＿＿＿＿＿＿＿＿＿＿＿＿＿＿＿
＿＿＿＿＿＿＿＿＿＿＿＿＿＿＿＿＿＿＿＿＿＿＿＿＿＿＿＿＿＿＿＿＿＿＿＿

　　②《我们班的淘气鬼》作文目的:＿＿＿＿＿＿＿＿＿＿＿＿＿＿＿＿＿＿＿＿
＿＿＿＿＿＿＿＿＿＿＿＿＿＿＿＿＿＿＿＿＿＿＿＿＿＿＿＿＿＿＿＿＿＿＿＿
＿＿＿＿＿＿＿＿＿＿＿＿＿＿＿＿＿＿＿＿＿＿＿＿＿＿＿＿＿＿＿＿＿＿＿＿
＿＿＿＿＿＿＿＿＿＿＿＿＿＿＿＿＿＿＿＿＿＿＿＿＿＿＿＿＿＿＿＿＿＿＿＿

　　③《我们班的淘气鬼》作文主体内容:＿＿＿＿＿＿＿＿＿＿＿＿＿＿＿＿＿＿
＿＿＿＿＿＿＿＿＿＿＿＿＿＿＿＿＿＿＿＿＿＿＿＿＿＿＿＿＿＿＿＿＿＿＿＿
＿＿＿＿＿＿＿＿＿＿＿＿＿＿＿＿＿＿＿＿＿＿＿＿＿＿＿＿＿＿＿＿＿＿＿＿
＿＿＿＿＿＿＿＿＿＿＿＿＿＿＿＿＿＿＿＿＿＿＿＿＿＿＿＿＿＿＿＿＿＿＿＿

　　④《我们班的淘气鬼》作文中的描写素材:＿＿＿＿＿＿＿＿＿＿＿＿＿＿＿＿
＿＿＿＿＿＿＿＿＿＿＿＿＿＿＿＿＿＿＿＿＿＿＿＿＿＿＿＿＿＿＿＿＿＿＿＿
＿＿＿＿＿＿＿＿＿＿＿＿＿＿＿＿＿＿＿＿＿＿＿＿＿＿＿＿＿＿＿＿＿＿＿＿
＿＿＿＿＿＿＿＿＿＿＿＿＿＿＿＿＿＿＿＿＿＿＿＿＿＿＿＿＿＿＿＿＿＿＿＿

　　2.基本构思

（二）淘气的小乌龟

去年，妈妈给我买回来一只小乌龟，我非常喜欢它。

这只小乌龟可神气了！你瞧，它穿着一件黄白花纹的衬衣，背上披着一件墨绿色的铠甲，像一位威武的将军。小乌龟有一张三角形的脸，一双乌黑透亮的圆溜溜的小眼睛。它的四条腿肉肉的，上面有着两排锋利的小爪子。它的尾巴短短的，又细又尖，好玩极了。

小乌龟刚来我家的时候，一点儿也不怕生。刚把它放进鱼缸里，它就迫不及待地游出水面，伸长脖子左顾右盼，一脸好奇的样子，好像要好好参观一下它的新家呢！我心想：这只小乌龟可真大胆！

小乌龟很喜欢吃虾皮。每次我去给它喂食的时候，它只要闻到虾皮的香味就立即探出头来，在水面搜寻着。找到虾皮后，它会飞快地游过去，对准目标，张大嘴朝它一口咬下去，一口，两口，三口，整只虾皮就给它吃进了肚子里。虾皮太大的时候，它会伸出前爪帮忙撕开，然后小嘴一张一合地吃得津津有味。吃饱后，小乌龟会在水里悠闲地游来游去，时不时地吐出一个个小泡泡。玩累了，它会停在水底睡大觉。小乌龟睡觉的样子十分有趣，小眼睛紧紧地闭着，懒洋洋地伸着腿，趴在那儿一动也不动。

小乌龟还非常臭美，总喜欢晚上照镜子。看着鱼缸周围倒映出来的自己的影子，可以足足臭美上半小时呢！真是一只自恋的小乌龟！

你们说，这么淘气的小乌龟谁会不喜欢呀！

1. 基本分析

① 《淘气的小乌龟》作文本质：_____

_____

② 《淘气的小乌龟》作文目的：_____

_____

③ 《淘气的小乌龟》作文主体内容：_____

_____

④ 《淘气的小乌龟》作文中的描写素材：_____

_____

2. 基本构思

课后练习

写作文，为读者介绍一下自己，题目自拟。

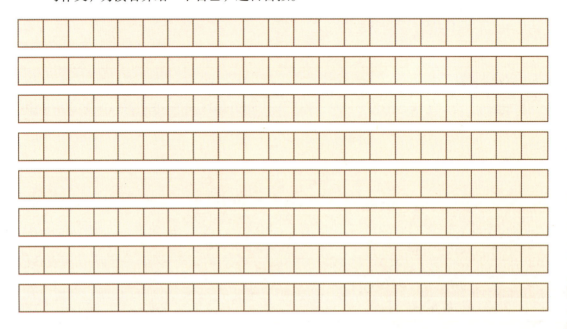

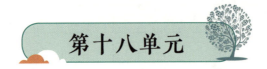

第十八单元

记叙文原理总结

知识回顾

一、记叙文构思理论

1.记叙文本质：＿＿＿＿＿＿＿＿＿＿＿＿＿＿＿＿＿＿＿＿＿＿

＿＿＿＿＿＿＿＿＿＿＿＿＿＿＿＿＿＿＿＿＿＿＿＿＿＿＿＿＿＿

2.记叙文目的：＿＿＿＿＿＿＿＿＿＿＿＿＿＿＿＿＿＿＿＿＿＿

＿＿＿＿＿＿＿＿＿＿＿＿＿＿＿＿＿＿＿＿＿＿＿＿＿＿＿＿＿＿

3.记叙文内容：＿＿＿＿＿＿＿＿＿＿＿＿＿＿＿＿＿＿＿＿＿＿

＿＿＿＿＿＿＿＿＿＿＿＿＿＿＿＿＿＿＿＿＿＿＿＿＿＿＿＿＿＿

二、记叙文基本思路

1.状物作文

2.描景作文

3.写人作文

4.记事作文

三、记叙文表达理论

1.状物描景核心口诀：_____

_____

2.记事过程核心口诀：_____

_____

3.表达的核心理念：_____

_____

四、记叙文表达要求及修改

1.内容条理：＿＿＿＿＿＿＿＿＿＿＿＿＿＿＿＿＿＿＿＿＿＿＿＿＿＿＿

＿＿＿＿＿＿＿＿＿＿＿＿＿＿＿＿＿＿＿＿＿＿＿＿＿＿＿＿＿＿＿＿＿＿＿

2.内容具体：＿＿＿＿＿＿＿＿＿＿＿＿＿＿＿＿＿＿＿＿＿＿＿＿＿＿＿

＿＿＿＿＿＿＿＿＿＿＿＿＿＿＿＿＿＿＿＿＿＿＿＿＿＿＿＿＿＿＿＿＿＿＿

3.内容形象：＿＿＿＿＿＿＿＿＿＿＿＿＿＿＿＿＿＿＿＿＿＿＿＿＿＿＿

＿＿＿＿＿＿＿＿＿＿＿＿＿＿＿＿＿＿＿＿＿＿＿＿＿＿＿＿＿＿＿＿＿＿＿

4.内容动人：＿＿＿＿＿＿＿＿＿＿＿＿＿＿＿＿＿＿＿＿＿＿＿＿＿＿＿

＿＿＿＿＿＿＿＿＿＿＿＿＿＿＿＿＿＿＿＿＿＿＿＿＿＿＿＿＿＿＿＿＿＿＿

 课堂练习

草 莓

春末夏初便是草莓成熟的季节了，走进草莓园子，你就踏上了一片葱绿的毯子，而那颗颗肥硕、鲜红的草莓无疑是点缀其间的精致宝石了。置身这片宁静的绿地，满地的苍翠令你心旷神怡，淡雅的清香令你沉醉不已。

俯下身子，贴近这片绿地，你会望见草莓那翠绿欲滴的叶子是三片生长在一个枝头的，它们成"品"字形排列着，犹如三个不离不弃的好兄弟。那椭圆形的叶子四周并不是弧线形的，而是长成了锯齿状；叶子的正面光滑油亮，背面却是灰白色的，如同长了一层细细的绒毛，看上去让人感觉有些粗糙，真的很神奇。

拨开叶子，一朵朵雪白的小花立刻跃入你的眼帘。草莓的花朵在初春便开放在枝头的中间了，每一朵花都是由五片粉嫩的、小扇子般的花瓣组成，她们又像五只娇嫩的小手呵护着中央淡黄色的花蕊。在花瓣的呵护下，花蕊似乎更加欢快了，它们一个个挺直了身子，高高地探起脑袋，静静地打量着外面的世界。此时此刻，不觉中便有一缕清香飘过，令人倍感舒爽。

当花儿凋谢的时候，枝头上就会露出一个青绿色的、黄豆粒大小的草莓；随着时间的推移，小草莓的个

头逐渐长大。看！它们有的大如花生，有的形如小杏，有的状如小灯笼，有的生似荔枝。随着个头的不断长大，草莓的颜色逐渐由青绿色变成乳白色；不知何时，胖嘟嘟的草莓顶端染上了一抹红，宛若戴上了一顶精美的小红帽，煞是可爱。当整个草莓都穿上红艳艳的裙衫时，就已经成熟了。把成熟的草莓摘下来，拿在手上觉得凹凸不平，又有些滑软。此时，那酸甜的气味早已扑鼻而来，你会禁不住把它放进嘴里吃起来，那肥嫩多汁的果肉，甜中透着一点儿酸，清凉爽口，真是美极了。

草莓不但味美，而且是炎炎夏季降暑的优质果品。它含有多种维生素，有着非常高的营养价值。因此，常吃些草莓能预防疾病，有助于身体健康。

1.基本分析

①《草莓》作文本质：_____

_____

②《草莓》作文目的：_____

_____

③《草莓》作文主体内容：_____

_____

④《草莓》作文主体描写对象：_____

_____

2.构思提纲

大扫除

"同学们，快来吧，大扫除开始了！"一个同学高兴地叫着。同学们听后，拿着各自的工具，分别跑向自己的目标，然后认认真真地干起来。我拿着脸盆、板刷、抹布、小刀等工具，一蹦一跳地跑进教室。

我们小组的任务是把墙上和水泥柱上的旧标语擦干净。我先打来一盆清水，泼在墙上，再把一大张一大张的旧标语纸撕下来。可是，那些粘在水泥柱上的小标语纸怎么也撕不掉。我用抹布擦也擦不掉，用板刷刷还是刷不掉。大概是小标语没有泡透吧。我心里想着，再一次向水泥柱上泼水，等了一会儿了，再刮，啊，终于刮下来了。我高兴得跳了起来。

我正干得起劲，困难又来了。有些标语太高，擦不到。我搬来一张凳子，站在凳子上擦，还是擦不到。我踮起脚，把手举得高高的，用尽力气擦，擦着了。

我开心极了。但没一会儿，我的胳膊又酸又累，而且一股股脏水还不时顺着手掌、手腕滴进我的袖筒里。真讨厌，我真不想干了。想着，我的动作慢了下来。这时，我看见马岩松同学站在两张拼起的凳子上，一只手扶住水泥柱子，一只手正在使劲地擦着。中队长林怡看见了，关心地对她说："当心，别摔下来。"

岩松却笑了笑说："放心，掉不下来。"看着他俩的一举一动，我心想：自己也是个少先队员，比马岩松就差多了，该向她学习，迎着困难上。我暗暗下了决心，一定要把水泥柱上的标语纸擦干净。于是，我脱掉了一件衣服，卷起袖子，学着马岩松的样，使劲地擦，擦了一遍又一遍，擦了一块又一块。最后，终于把水泥柱擦得干干净净。

大扫除结束了，我们望着擦洗得干干净净的墙壁和水泥柱子，心里甜滋滋的。

1.基本分析

①步骤分析：_____

_____

②步骤因果：_____

_____

③描写对象：_____

_____

④描写素材：_____

_____

2.构思提纲

课后练习

阅读提升：

运用所学过的小学记叙文的构思原理和表达规律，认真分析自己所阅读的每一篇记叙文，体验用法，以读代写，把所学知识点领会、掌握并加以运用。

附录二

作文赏析

我喜欢的白色

我们的生活是五彩缤纷的，有的人喜欢红色，有的人喜欢绿色，有的人喜欢紫色。而我最喜欢白色，因为它代表着轻松、愉快，象征着纯洁。

看到白色，我便会想起冬天那洁白晶莹的雪花。每到冬天，我便期待着下雪。每当下雪时，我便站在窗前呆呆地望着窗外的雪。雪有的像甜甜的棉花糖，有的像软软的棉花，有的像白云。雪花落在小草上，小草微微地睡过去了。雪花落在小河上，小河穿上一层厚厚的衣服，也闭上了眼睛。

看到白色，我还会想到空中的白云。白云软软的，有的像可爱的小羊，有的像洁白的花朵，有的像干净的白纸。白云在天空中漂浮着，我们走到哪里，它们便也跟到哪里，好像在和我们做游戏。

看到白色，我还会想到梨花。梨花一簇簇、一朵朵，好像一片片洁白的云彩。微风吹来，梨花翩翩起舞，摆动着它美丽的裙子。蝴蝶在它的花瓣上翩翩起舞，蜜蜂飞来，在它的花蕊中采着甜甜的蜂蜜。

白色象征着纯洁，我喜欢白色，更爱它的纯洁。

本文作者表达了对白色的一种喜爱之情，想一想作者是如何构思的，列出本文提纲。

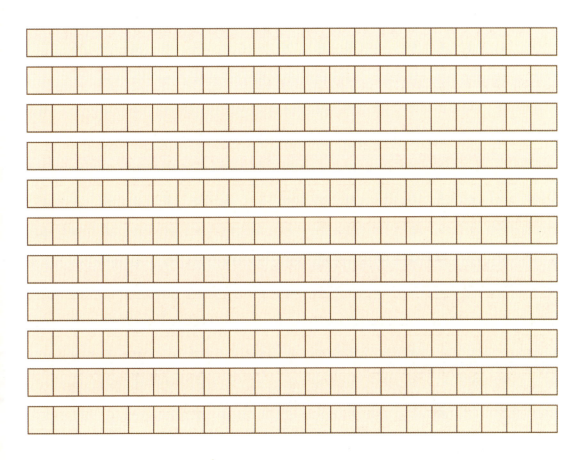

大自然的声音

大自然有许多美妙的声音。

风，是大自然的音乐家，他会在森林里演奏他的手风琴。当他翻动树叶，树叶便像歌手一样，唱出各种不同的歌曲。不一样的树叶，有不一样的声音；不一样季节，有不一样的音乐。当微风拂过，那声音轻轻柔柔的，好像呢喃细语，让人感受到大自然的温柔；当狂风吹起，整座森林都激动起来，合奏出一首雄壮的乐曲，那声音充满力量，令人感受到大自然的威力。

水，也是大自然的音乐家。下雨的时候，他喜欢玩打击乐器。小雨滴敲敲打打，一场热闹的音乐会便开始了。滴滴答答……叮叮咚咚……所有的树林，树林里的每片树叶；所有的房子，房子的屋顶和窗户，都发出不同的声音。当小雨滴汇聚起来，我们便一起唱着歌：小溪淙淙地流向河流，河流潺潺地流向大海，大海哗啦啦地汹涌澎湃。从一首轻快的山中小曲，唱到波澜壮阔的海洋大合唱。

动物也是大自然的歌手。走在公园里，听听树上叽叽喳喳的鸟叫；坐在一棵树下，听听唧哩哩唧哩哩的虫鸣；在水塘边散步，听听蝈蝈的歌唱。你知道他们唱的是什么吗？他们的歌声好像在告诉我们："我在歌唱，我很快乐！"

本文选取了哪几种有代表性的声音去介绍的？作者是怎样把这些声音介绍得具体形象生动的？（表达方法）

我喜欢的芭比娃娃

我非常喜欢芭比娃娃！在我所拥有的许多芭比娃娃当中，我最喜欢的还是爸爸买的那个。

我的这个芭比娃娃有金色的头发，把她放在太阳底下放着，就会闪闪发光呢！再说她那眉毛，弯弯的像月亮。眉毛下面一对水汪汪的蓝色的大眼睛特别有神，好像会说话一样。眼睛下面小巧的鼻子配上小巧的嘴，再加上一对匀称的耳朵，漂亮极了。芭比娃娃不但长得漂亮，她还有着修长的身材，给她穿上那些配套的衣帽装饰，就像一个活生生的模特。

　　我的芭比娃娃不但美丽，而且文静又懂事，因为当我做作业的时候，她总是静静地坐在我的身旁；而当我入睡的时候，她又总是默默地和我一起进入梦乡。每当我有烦恼的时候，我总是习惯对她倾诉；每当我有高兴的事，我也会及时和她分享。对此，她从无怨言，总是善解人意地、全神贯注地倾听着我的心声，与我一起烦恼，一起快乐。

　　爸爸给我买的这个美丽的芭比娃娃是我的好朋友，我永远爱她！

　　1.想一想作者是从哪些方面给我们介绍芭比娃娃的？（构思）

　　2.想一想怎样介绍物的作用？作者是怎样介绍的？

（空白方格）

我爱故乡的杨梅

我的故乡在江南，我爱故乡的杨梅。

细雨如丝，一棵棵杨梅树贪婪地吮吸着春天的甘露。它们伸展着四季常绿的枝条，一片片狭长的叶子在雨雾中欢笑着。

端午节过后，杨梅树上挂满了杨梅。杨梅圆圆的，和桂圆一样大小，遍身生着小刺。等杨梅渐渐长熟，刺也渐渐软了，平了。摘一个放进嘴里，舌尖触到杨梅那平滑的刺，使人感到细腻而且柔软。

杨梅先是淡红的，随后变成深红，最后几乎变成黑的了。它不是真的变黑，因为太红了，所以像黑的。你轻轻咬开它，就可以看见那新鲜红嫩的果肉，嘴唇上、舌头上同时染满了鲜红的汁水。

没有熟透的杨梅又酸又甜，熟透了就甜津津的，叫人越吃越爱吃。我小时候，有一次吃杨梅吃得太多，发觉牙齿又酸又软，连豆腐也咬不动了。我才知道杨梅虽然熟透了，酸味还是有的，因为它太甜，吃起来就不觉得酸了。吃饱了杨梅再吃别的东西，才感觉到牙齿被它酸倒了。

这篇文章的构思顺序是什么？列出构思提纲。

（空白方格）

（此处为五行空白作文格）

仙人球自述

大家好！我原是来自遥远的南美洲高热、干燥、少雨的沙漠地带的仙人球。

在荒无人烟的大沙漠里，我们仍然生存得很健康，但是感到有点孤单。后来，人们又把我们运到了市场。我们发挥了自己的作用，成为"净化空气""抗辐射"的装饰品了。

因为我们生存在炎热的沙漠地带，所以形成了喜干、耐寒的特性。但我们异常怕冷，这也是我们的缺点之一。我们喜欢生于排水良好的沙质土壤，到了夏天就是我们的生长期，也是盛花期。

可别小看我们啊，人家还是吸附灰尘的高手呢！若把我们放在室内，特别是水培仙人球，可以起到净化空气的作用。

我们差不多相当于"天然氧吧"了。我们呼吸多在晚上比较凉爽、潮湿时进行。呼吸时，吸入二氧化碳，释放出氧气。因为我们身上含有金琥（有象牙金琥、大金琥等25种），所以，在室内放置金琥这样一个庞然大物，无异于增添了一个空气清新器，能净化室内空气，故又为夜间摆设室内的理想花卉。

我们还有抗辐射的作用。在生活和工作中，把我们放在有辐射的地方可吸收电磁辐射。在家庭中或办公室中的电器旁摆放我们，可有效减少各种电子产品产生的电磁辐射污染，使室内空气中的负粒子浓度增加。

我们还可以做药呢。用我们的肉捣成汁可以治烫伤、蛇虫咬伤，用我们的肉捣烂去熬可以治手掌生疮毒，把我们用水煎口服可以治胃痛。

我们具有顽强的生命力，我们不断地繁衍着自己的子孙后代，默默地为人们服务着。怎么样，听了我的自述是不是有点想得到我们了，那就赶紧买一盆放在家里吧。

1.《仙人球自述》是以第一人称自我介绍的方式来写仙人球的，想一想关于仙人球，你想了解哪些问题？文章中是否都介绍清楚了？如果缺少，缺什么？

2.本文重点介绍了仙人球的什么内容？从中体现了一种什么样的品质？

我爱春天

盼望着，盼望着，春天终于来了！

春天带着生命和希望，步履轻盈地来了。她跃过高山，飞过河流，千里迢迢地赶来了。她很辛苦！可她一刻也顾不得歇，便迫不及待地跃动在山川、平原上……所过之处，无不显出蓬勃的生机。

我爱春——

爱那寒意犹存而又不乏温馨的初春的风。是她轻轻拂醒了大地，睡眠了一冬的大地欣欣然睁开了惺忪的睡眼。春天是生命的使者。

我爱春——

爱那绵绵的春雨。是她润醒了小草，润绿了杨柳，润开了迎春花。小草钻出了地面，新奇地张望着；杨柳摆动着腰肢，随风舞蹈着；迎春花鼓起了小喇叭："春雨，滴答，滴答。"雨后，湿润的空气中夹杂着泥土的芳香，随着融融的暖风迎面扑来。因此，春雨是生命的耕耘者！

我爱春——

爱春天里的鸟叫、蛙鸣和一切充满活力的生灵，尤其是那可爱的小燕子。我的目光常停留在电线上，因为电线上的它们，像五线谱上小巧玲珑的音符，配着"唧唧"的叫声，鸣奏着春天到来的第一乐章。

我爱春——

每当春来到家乡的那条无名小江上时，我漫步在高高的江堤上，望着江中奔流的春水，望着对岸翠绿的丛林，呼吸着无比清爽的春的气息，感受着春剧烈跳动的脉搏。那是一种多么舒适、多么惬意的感觉啊！

再看，太阳岛的沙滩上空，高高飞翔着风筝。春风没有腿、没有手，竟把它送得好高好远，渐渐地融进了淡蓝的天空里。

春常常引起我的思索：人们总把春天看作生命和希望的象征，而我们少年儿童又被称为"祖国的春天"，在这样的春天里，在这样殷切的期望中，我们更应勤奋学习，报答祖国寄予我们的厚望。因为，我们是祖国的生命和希望！

1.列出文章构思提纲，体会作者思路。

2.划出文章的写作对象，体会写作对象的描写方法。

荷塘月色

朱自清

这几天心里颇不宁静。今晚在院子里坐着乘凉，忽然想起日日走过的荷塘，在这满月的光里，总该另有一番样子吧。月亮渐渐地升高了，墙外马路上孩子们的欢笑，已经听不见了；妻在屋里拍着闰儿，迷迷糊糊地哼着眠歌。我悄悄地披了大衫，带上门出去。

沿着荷塘，是一条曲折的小煤屑路。这是一条幽僻的路；白天也少人走，夜晚更加寂寞。荷塘四周，长着许多树，蓊蓊（wěng）郁郁的。路的一旁，是些杨柳，和一些不知道名字的树。没有月光的晚上，这路上阴森森的，有些怕人。今晚却很好，虽然月光也还是淡淡的。

路上只我一个人，背着手踱着。这一片天地好像是我的；我也像超出了平常的自己，到了另一个世界里。我爱热闹，也爱宁静；爱群居，也爱独处。像今晚上，一个人在这苍茫的月下，什么都可以想，什么都可以不想，便觉是个自由的人。白天里一定要做的事，一定要说的话，现在都可不理。这是独处的妙处；我且受用这无边的荷香月色好了。

曲曲折折的荷塘上面，弥望的是田田的叶子。叶子出水很高，像亭亭的舞女的裙。层层的叶子中间，零星地点缀着些白花，有袅娜地开着的，有羞涩地打着朵儿的；正如一粒粒的明珠，又如碧天里的星星，又如刚出浴的美人。微风过处，送来缕缕清香，仿佛远处高楼上渺茫的歌声似的。这时候叶子与花也有一丝的颤动，像闪电般，霎时传过荷塘的那边去了。叶子本是肩并肩密密地挨着，这便宛然有了一道凝碧的波痕。叶子底下是脉脉的流水，遮住了，不能见一些颜色；而叶子却更见风致了。

月光如流水一般，静静地泻在这一片片叶子和花上。薄薄的青雾浮起在荷塘里。叶子和花仿佛在牛乳中洗过一样；又像笼着轻纱的梦。虽然是满月，天上却有一层淡淡的云，所以不能朗照；但我以为这恰是到了好处——酣眠固不可少，小睡也别有风味的。月光是隔了树照过来的，高处丛生的灌木，落下参差斑驳的黑影，峭楞楞如鬼一般；弯弯的杨柳的稀疏的倩影，却又像是画在荷叶上。塘中的月色并不均匀；但光与影有着和谐的旋律，如梵婀玲上奏着的名曲。

荷塘的四面，远远近近，高高低低都是树，而杨柳最多。这些树将一片荷塘重重围住；只在小路一旁，漏着几段空隙，像是特为月光留下的。树色一例是阴阴的，乍看像一团烟雾；但杨柳的丰姿，便在烟雾里也辨得出。树梢上隐隐约约的是一带远山，只有些大意罢了。树缝里也漏着一两点路灯光，没精打采的，是渴睡人的眼。这时候最热闹的，要数树上的蝉声与水里的蛙声；但热闹是它们的，我什么也没有。

忽然想起采莲的事情来了。采莲是江南的旧俗，似乎很早就有，而六朝时为盛；从诗歌里可以约略知道。采莲的是少年的女子，她们是荡着小船，唱着艳歌去的。采莲人不用说很多，还有看采莲的人。那是一个热闹的季节，也是一个风流的季节。梁元帝《采莲赋》里说得好：

于是妖童媛女，荡舟心许；鹢首徐回，兼传羽杯；棹将移而藻挂，船欲动而萍开。尔其纤腰束素，迁延顾步；夏始春余，叶嫩花初，恐沾裳而浅笑，畏倾船而敛裾。

可见当时嬉游的光景了。这真是有趣的事，可惜我们现在早已无福消受了。

于是又记起《西洲曲》里的句子：

采莲南塘秋，莲花过人头；低头弄莲子，莲子清如水。

今晚若有采莲人，这儿的莲花也算得"过人头"了；只不见一些流水的影子，是不行的。这令我到底惦着江南了。——这样想着，猛一抬头，不觉已是自己的门前；轻轻地推门进去，什么声息也没有了，妻已睡熟好久了。

划出文章中的写作对象，直接、间接写作素材，体会表达方法。

（空白方格稿纸区域）

五彩池

我小时候听奶奶讲，西方有座昆仑山，山上有个瑶池，那是天上神仙住的地方；池里的水好看极了，有五种颜色，红的，黄的，绿的，蓝的，紫的。奶奶是哄着我玩儿，我却当作了真的，真想有一天能遇上神仙，跟着他腾云驾雾，飞到那五彩的池边去看看。没想到今年夏天去四川松潘旅游，在藏龙山上，我真的看到了像瑶池那样神奇的五彩池。

那是个晴朗的日子，我乘汽车来到藏龙山，只见漫山遍野都是大大小小的水池。无数的水池在灿烂的阳光下，闪耀着各种不同的颜色的光辉，好像是铺展着的巨幅地毯上的宝石。水池大的面积不足一亩，水深不过一丈；小的像个菜碟，水很浅，用小拇指就能触到池底。池边是金黄色的石粉凝成的，像一圈圈彩带，把大大小小的水池围成各种不同的形状，有像葫芦的，有像镰刀的，有像盘子的，有像莲花的……

更使我惊奇的是，所有的池水来自同一条溪流，溪水流到各个水池里，颜色却不同了。有些水池的水还不止一种颜色，上层是咖啡色的，下层却成了柠檬黄；左半边是天蓝色的，右半边却成了橄榄绿。可是把水舀起来看，又跟普通的清水一个样，什么颜色也没有。

明明是清水，为什么在水池里会显出不同的颜色来呢？原来池底长着许多石笋，有的像起伏的丘陵，有的像险峻的山峰，有的像矗立的宝塔，有的像成簇的珊瑚。石笋表面凝结着一层细腻的透明的石粉。阳光透过池水射到池底，石笋就像高低不平的折光镜，把阳光折射成各种不同的色彩。水池周围的树木花草长得很茂盛，五光十色的倒影使池水更加瑰丽。

原来五彩的瑶池就在人间，不在天上。

阅读提示：

1.作者是怎么构思的？作者想表达什么？读者会问什么问题？请列出构思提纲。

2.在介绍五彩池样子的时候，主要观察了五彩池的什么内容？是怎样表达的？

<table>
<tr><td></td><td></td><td></td><td></td><td></td><td></td><td></td><td></td><td></td><td></td><td></td><td></td><td></td><td></td><td></td><td></td><td></td><td></td><td></td><td></td></tr>
<tr><td></td><td></td><td></td><td></td><td></td><td></td><td></td><td></td><td></td><td></td><td></td><td></td><td></td><td></td><td></td><td></td><td></td><td></td><td></td><td></td></tr>
<tr><td></td><td></td><td></td><td></td><td></td><td></td><td></td><td></td><td></td><td></td><td></td><td></td><td></td><td></td><td></td><td></td><td></td><td></td><td></td><td></td></tr>
<tr><td></td><td></td><td></td><td></td><td></td><td></td><td></td><td></td><td></td><td></td><td></td><td></td><td></td><td></td><td></td><td></td><td></td><td></td><td></td><td></td></tr>
<tr><td></td><td></td><td></td><td></td><td></td><td></td><td></td><td></td><td></td><td></td><td></td><td></td><td></td><td></td><td></td><td></td><td></td><td></td><td></td><td></td></tr>
</table>

3.划出文章中的写作对象、写作素材。

珍珠泉

我们村子前面的小山包，远远看去，真像一个绿色的大绒团。山包上，树很密，草很深，花很多。一条石板铺成的小路，弯弯曲曲的，穿过小山包的密林。石板小路的尽头，有一眼清泉，叫"珍珠泉"。

这是一潭深绿的泉水。周围镶嵌着不大整齐的石头，石头上覆着一层黑里透绿的苔衣。你要是踩上去准会滑倒。那绿得没有一点儿杂色的蕨草，悄悄地开放着的花朵，给它编了个朴素的花环。蕨草宽大的叶片，有的能拂到水面，花儿们却只是静静地投下自己的影子。水是那样绿，绿得像周围的绿树、绿草染的。水是那样深，又那样清，清得能看见潭底的青褐色的石头，看得见沉积在水底的沙粒和已经发黑的树叶。啊！还有谁的一把小刀掉进了潭里，那刀在潭底闪着亮晶晶的光。可惜没有鱼，是水太清、太冰凉了吧？

最有趣的，当然是那些晶亮的、饱满的、一嘟噜一嘟噜从潭底冒出来的水泡了！开始，水泡很小，摇晃着越升越高，越来越大，最后在水面绽开了，在"扑哧"的笑声里，消失了，溶在潭水里了！有时候，透过密密的树叶，太阳筛下一束束美丽的金光，一直照到水面上，照到潭底青褐色的石头上。照在正在升起的水泡上。水面和潭底，闪着金色的光斑，银色的光斑；水泡闪亮闪亮的，射出红的光，黄的光，绿的光，紫的光……多像一串一串的彩色珍珠啊，简直可以一颗颗捧在手上。

这就是美丽的珍珠泉，这就是我们村的珍珠泉！

不用说我是多么喜欢珍珠泉了。我很想知道，它哪来这么多冒不完的水泡？在小河干涸的时候，在村里的井水干涸的时候，它还是那样不停地冒着水泡。难道是许多快乐的孩子，躲在什么地方吹泡泡玩儿吗？他们一定玩得很高兴吧，一定把泡泡当珍珠了。每次挑着阿爸特地给我做的小桶，来到珍珠泉边，我都这么想。

啊，挑着满满一挑水，走在林中的石板路上，我泼洒了多少珍珠啊！为去追一只小鸟，或者忙着扯路旁的一朵小花。

1.作者要表达的是什么？读者想问的问题是什么？

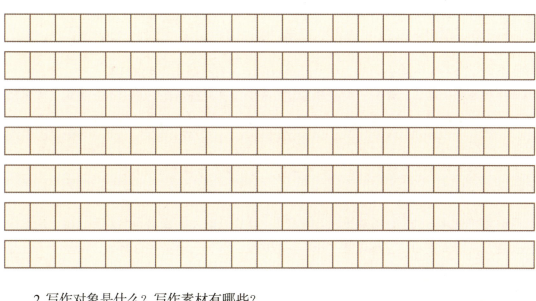

2.写作对象是什么？写作素材有哪些？

雨中游西湖

"上有天堂，下有苏杭"，我早就想去杭州了。父母为了丰富我的课余生活，决定国庆节期间全家去游杭州西湖。

天公不作美，下着小雨，但雨中游西湖别有一番情趣。我们先去了"花港观鱼"，那里的鱼，真是数不胜数，大的、小的、花的、黑的，有的在吃食，有的在戏水，有的在吐泡泡。我边玩边给它们喂食，真是高兴得不亦乐乎。随后我们又乘船去往"三潭印月"。坐在船舱，我远望"断桥残雪"和"雷峰塔"，听说雷峰塔是用来镇压白娘子的，但弄不懂塔怎么把人给压住的。后来听妈妈讲了《白蛇传》，才知道它是和一个美丽的神话故事连在一起的。说到"断桥残雪"，我以为真是桥断了，后来听导游说是雪落到桥上，太阳只照到一半，这边的雪化了，那边没化，所以看上去像桥断了。哦，原来是这样，真有趣。

雨丝飘洒，湖面上雾气蒙蒙，水天一色，人在湖中像置身于仙境。

游船靠岸，我们来到了"三潭印月"。三潭印月又名"小瀛洲"，与湖心亭、阮公墩合称为"湖上三岛"，所以叫"三潭印月"。全岛连水面在内面积约七公顷，南北由桥相通，东西土堤相连，桥堤呈"十"字形交叉，将岛上水面一分为四，从空中看就像田字。

在导游的引导下，我们又游览了灵隐寺和岳庙。古刹气势宏伟，忠烈祠肃穆凝重。从岳庙出来，不远就是"曲院风荷"，这里连着苏堤。在雨雾笼罩下，景色十分凄美，人的心情不觉也沉重起来。正当我们有些伤感准备离去的时候，突然从荷叶丛里飘出一叶小舟，令人眼前一亮：只见船夫穿着蓑衣，唱着当地方言的歌，虽然听不懂他唱的是什么，但这吴歌越调委婉优雅，十分动人。眼前的这幅画面，使我想起了《渔歌子》这首诗："青箬笠，绿蓑衣，斜风细雨不须归。"这一句不就是此情此景的真实写照吗？

沿着西湖岸，我们继续往前走，眼前出现了一个特大号的"喷泉"，只见一个大水柱一下子冲上了天，又像下雨似的从天空中散落下来，真是大珠小珠落玉盘！最后我们来到了西湖的又一处景点"苏堤春晓"。站在堤上回看"曲院风荷"，竟是另一幅景色：水雾、雨丝的整体画卷。这种朦胧的、神秘的美，使我仿佛置身于仙境之中，流连忘返。

啊！西湖，真不愧是人间第一胜景！

文章的构思方法是什么？请列出构思提纲。

<table>
<tr><td></td><td></td><td></td><td></td><td></td><td></td><td></td><td></td><td></td><td></td><td></td><td></td><td></td><td></td><td></td><td></td><td></td><td></td><td></td><td></td><td></td><td></td><td></td></tr>
<tr><td></td><td></td><td></td><td></td><td></td><td></td><td></td><td></td><td></td><td></td><td></td><td></td><td></td><td></td><td></td><td></td><td></td><td></td><td></td><td></td><td></td><td></td><td></td></tr>
<tr><td></td><td></td><td></td><td></td><td></td><td></td><td></td><td></td><td></td><td></td><td></td><td></td><td></td><td></td><td></td><td></td><td></td><td></td><td></td><td></td><td></td><td></td><td></td></tr>
<tr><td></td><td></td><td></td><td></td><td></td><td></td><td></td><td></td><td></td><td></td><td></td><td></td><td></td><td></td><td></td><td></td><td></td><td></td><td></td><td></td><td></td><td></td><td></td></tr>
<tr><td></td><td></td><td></td><td></td><td></td><td></td><td></td><td></td><td></td><td></td><td></td><td></td><td></td><td></td><td></td><td></td><td></td><td></td><td></td><td></td><td></td><td></td><td></td></tr>
</table>

日　出

（小升初满分作文）

今天凌晨，我特意早起，爬上阳台，遥望东方的天际，焦急地等待日出。

天渐渐破晓，淡青色的天空镶着几颗残星，大地朦朦胧胧的，如同笼罩着一层银灰色的轻纱。这时，万籁俱静，偶尔从远处传来几声鸡鸣。

一会儿，东方天际浮起一片鱼肚白，天地也渐渐地亮起来。忽然，在东方，天际、山峦、树梢都像盖上了一层红色锦缎——那是朝霞，大阳就要出来了。

慢慢地，太阳冒出了地平线，红红的，像一个蒙着面纱的含羞少女，悄悄窥视着人间。缓缓地，太阳一点一点地向上升起，终于，它露出了整个笑脸。

这时，霞光万道，瑞气千条，将半边天空染得通红，广阔的大地也涂上了一层鲜红的油彩，片片翠绿的树叶在晨风的吹拂下闪烁着耀眼的光辉，鸟儿披着一身红霞，歌唱着，飞上云天。此刻，寂静的村庄也醒了过来，人们开始了晨炊。红光、飞鸟、村舍、袅袅炊烟，构成了一幅多么美丽的图画啊！

太阳离开地平线了，红彤彤的，仿佛是一块光焰夺目的玛瑙盘，缓缓地向上浮动。红日周围，霞光尽染无余，那轻舒漫卷的云朵，好似身穿红装的少女，翩翩起舞。

过了一会儿，红光悄然退去，太阳射出万道金光。天变得更蓝了，像是深沉的大海，辽阔而明净。云儿也变了，白花花的，显得无比柔和、优美。远处的山峦露出了清晰的轮廓。近处的树木，秀美挺拔，亭亭玉立。街道上，人影点点，笑语阵阵，整个世界充满了生机。

这景色感染了我，陶醉了我，我仿佛觉得自己已经融入了朝阳的光辉。

1.这是一篇优美的写景散文，运用动态和静态观察的方法，给我们介绍了日出的美景，试着找出表示动态观察的句子或者词语。

2.作者在写日出这幅画面的时候，对景物进行了布局，想一想这幅图画的结构是怎样的？

3.作者在描写太阳的时候，是怎样表达的？联系所学的表达方法，举三个以上的例子说明。

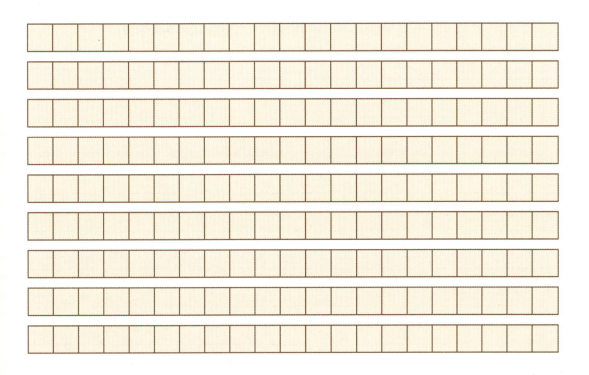

日　出

　　黎明前，四周一片寂静，我坐在草丛边等待着观看旭日东升，天空中还有几点星光闪闪，四周充满了"静"。

　　不时，有一阵微风吹拂而来，柳树枝随风摆动，小草也齐齐点头，片刻后便又安静了起来。但我的心焦急起来，太阳什么时候升起来啊？我坐在那里呆呆地望着，四周一片寂静，只有星星与我做伴，焦急的我慢慢地安静下来。我静静地坐着，慢慢地与四周融合在了一起，几只不肯睡觉的小鸟落在我身边。

　　随着一声公鸡的叫声，天边出现了一丝红光，与我做伴的星星回家了。慢慢地，天边的云被抹上了一层红漆，大地也泛着红光，处处都染上了一点红色。

　　片刻间，太阳跳了出来，光芒万丈，顿时四周都亮了起来。夜晚的寂静消失了，四周热闹起来，远方传来各种声音，有汽车声、鸟叫声、人们的谈笑声……初升的太阳如出生的婴儿般柔和，光芒与中午不同。中午的太阳光芒刺眼，早上的太阳放眼望去使人感到温柔与温暖，颜色如橘黄色一般。一阵清风吹来，柳树、小草又摆动起来，我也感到神清气爽，心中明亮了许多。

　　看完美丽的日出后，我心中的太阳也升了起来，越来越高，越来越高……

1.本文运用了动态观察构思的方法。请根据时间变化，列出本文提纲。

2.动态观察中，随着景物的变化，作者的情感一直在变化。找出表示作者心理活动（情感变化）的句子，摘录下来。

3.在观察太阳的时候，有新的景物参与进来，共同烘托了日出的景色，找出这些景物。

（空白方格稿纸）

雨的遐思

雨，似调色盘，有粉色的可爱，有红色的奔放，有蓝色的温柔，有白色的纯洁，有黑色的狂暴……

雨，好像是千万个魔指，好像是千万条琴弦，弹出了千变万化的声音。春雨柔软，哺育万物；夏雨粗犷，自由奔放；秋雨苍凉，看尽人世；冬雨肃杀，令人畏惧。因季节而变化，情调各异。雨色美，雨声更加动听。

在诗歌、音乐中，有许多关于雨的佳作。线条勾勒出雨的柔和，色彩描绘出雨的美好。音乐旋律，更显剔透。

轻细的雨花，像飘忽的雾，白茫茫的，轻吻着人的脸，微微觉着痒，又轻轻濡湿着衣裳。雨伞仿佛是风帆，在雨色中载浮载沉；也像一只只大翅膀，东南西北，无边无垠，因风四处飘航。

可爱的雨，一滴滴落在脸颊上，痒痒的，不用穿雨衣，便可以漫步在雨中。在户外呼吸泥土的芳香，踟蹰漫步。奔放的雨，如刚出世的婴儿，哇哇大哭，将对世界的美好，一股脑全洒了出来；温柔的雨，如一位沉默的学者，无声胜有声；纯洁的雨，嗒嗒地下着，倾诉着自己的小秘密；狂暴的雨，吐露出心里所有的不满，任闪电如银蛇挥舞着，吞噬着那酷辣的太阳。

但，雨依旧似蜜似酒，沁人心脾，滋润着，灌溉着圣洁的心灵。

…………

遥望长江，已被雨水填得满满，我的心，也被幸福填得满满。

1.本文是写雨的，运用了联想和想象的构思方法，熟读文章并列出本文提纲。

2.本文在观察雨的时候都用到了哪些观察器官？观察到了哪些内容？

3.找出本文想象（比喻、拟人）的句子。

（此处为九行空白方格作答区）

秋来了

一场大雨过后，秋天悄悄地来到人间：来到田野，来到果园，来到我们的周围。它洗去夏天的炎热，给人们带来丝丝凉意。

当你漫步在秋天的树林里时，你会感觉四周色彩斑斓，五颜六色。又是金黄金黄的银杏叶，又是火红火红的枫叶……一片秋天的景象，美极了！

秋姑娘用她那多彩的画笔把小草、树叶都染成金黄色，远远望去，大地好像铺上了一层金灿灿的地毯。风吹过树顶，黄叶飘然而下，旋转着，翻滚着，像一群黄蝴蝶翩翩起舞。枫叶火红火红的，风一吹，好像万点火花在枝头跳跃。在阳光下闪闪发光，把大地妈妈"照"得格外鲜艳。真是"雪打红梅梅偏开，霜杀红叶叶更红"啊！枫叶红得火爆，红得鲜艳，好像满叶的红色要从叶尖流出来似的，令人赞叹不已。枫叶上有五个角，每个角上都有锯齿似的小刺，但是摸上去一点儿也不刺人，反而觉得很舒服。枫叶好似一只手掌，秋风徐来，枫叶好像是正在拍手的小孩，把小手拍得通红；又好像是孔雀开屏那壮观的景象。这时，一阵微风吹过，那些树叶就像一个个专业的舞蹈家在枝头翩翩起舞。有些叶子忍不住大地妈妈的诱惑，像一只只蝴蝶落到了大地妈妈的怀抱里。落下来的叶子还不安分，一阵风吹过，叶子就在草丛中嬉戏玩耍。

　　我爱这秋天，我爱秋天特有的绚丽多彩，我爱秋天特有的生机勃勃，我更爱秋天的树叶，这多姿多彩的树叶跟春天的花朵一样美丽。

　　1.体会文章布局。

　　2.通过间接素材的运用，修辞的运用，如何让描写更形象？

（方格稿纸）

秋天的玄武湖公园

　　知了的叫声渐渐远去了，秋天迈着脚步正向我们走来。迎着凉爽的秋风，我来到了美丽的玄武湖公园。

　　一进玄武湖公园，我看见人们已经换下了单薄的衣服，换上了暖和的秋装。

　　忽然，我闻到了一阵阵香味，我随着香味来到了美丽的花坛。一朵朵、一簇簇的菊花都向我张开了笑脸。有的含苞欲放，有的初放，还有的怒放。菊花的颜色各不相同，有金灿灿的，有红彤彤的，有白花花的，还有晶莹剔透的。近看菊花，像毛线球一样。花瓣可以说是数不胜数，它们就像兄弟姐妹一样拥抱在一起，围着一个害羞的小姑娘般的花心。我发现外面的花瓣是卷着的，而里面的花瓣是展开的。外面的花瓣好像是护卫，里面像女神。我轻轻地摘下一片花瓣，拿到眼前仔细观察起来，只见花瓣上面是尖尖的，中间是鼓鼓的，最下面同样是尖尖的。再看看它的叶子，像人的手掌，不过只有三个指头。叶子周围没有锯齿，摸起来毛茸茸的。

再往前走，我就到了玄武湖的湖边。秋风吹来，为湖水穿上了百褶裙。清澈的湖水中有一群群鱼儿自由自在地畅游着。它们有的三五成群，追逐嬉戏，好像顽皮的孩童；有的二鱼结伴，碰碰头再碰碰尾，好像一对对情侣卿卿我我；有的独自一条，好像遇到了什么伤心事……

秋天是迷人的，让我们丢掉烦恼，丢掉忧愁，放松一下，漫步秋天的公园去享受吧！

1.本文写了秋天的玄武湖公园，思考一下主要运用了什么观察方法？观察的结构是什么？

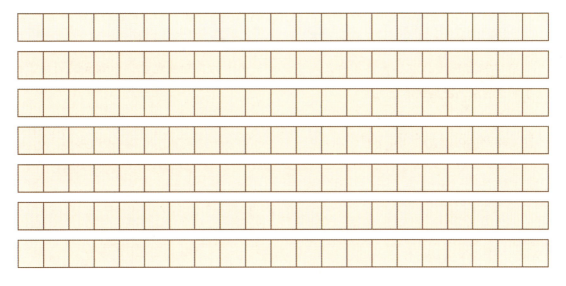

2.体会我们学的表达方法，用不同的线，画出表达的内容。

冬织的窗花

冬天的北国真可谓千里冰封，万里雪飘。纷飞的雪花在天空中跳起优美的舞蹈，大街小巷的每一个角落都充满了欢乐。

雪后的公园里，你可以看见可爱的雪人和小朋友们嬉戏的笑脸，那高大的松树被雪花点缀后显得更加美丽，蘑菇似的槐树被白雪覆盖后更显得温柔而可爱，就连春天里的长发少女柳树也描上了白花花的细眉……白雪皑皑的冬季又为北国增添了一道独特的风景。

冬织的窗花不是用彩纸剪成贴在窗子上的，而是寒冷的冬天送给北方窗子上的特有礼物——冰霜冻成的窗花。如果你稍加留意，在街上，在家里，在学校，在每个有窗子的地方，都可以看到各式各样的"窗花"。每一位热爱生活的人都会被一个个"窗花"所吸引，在"窗花"前，你可以尽情地构思，快乐地想象。

这些大自然绘就的窗花千姿百态，有的像巍峨的山峰，有的像细长的凤尾，有的仿佛是高高的椰子树，有的却像美丽的庄园……那些张牙舞爪的巨龙不正在和横刀立马的勇士们决一死战，拼得你死我活吗？我家中的"窗花"和外面的"窗花"比起来也不逊色，似乎更增加了几许风采。

冬织的窗花留给很多人童年的回忆。爸爸曾经告诉我，他小的时候经常在布满"窗花"的窗子上吹气，用呵气来融化玻璃上的冰雪，让"窗花"上出现一个小洞，再通过小洞看外面的世界，或看看爷爷、奶奶放工回来；妈妈小的时候，常和姥姥一起用手在"窗花"上印动物脚印，逗得全家人哈哈大笑。

冬织的窗花是北方冬天特有的，我多么希望南方的小朋友也能分享到我们的快乐，欣赏到这神秘而美丽的冰凌花啊！

1.作者怎样引入的"窗花"？

2.读者的问题是什么？文章是如何布局的？

<table>
<tr><td></td><td></td><td></td><td></td><td></td><td></td><td></td><td></td><td></td><td></td><td></td><td></td><td></td><td></td><td></td><td></td><td></td><td></td><td></td><td></td></tr>
<tr><td></td><td></td><td></td><td></td><td></td><td></td><td></td><td></td><td></td><td></td><td></td><td></td><td></td><td></td><td></td><td></td><td></td><td></td><td></td><td></td></tr>
<tr><td></td><td></td><td></td><td></td><td></td><td></td><td></td><td></td><td></td><td></td><td></td><td></td><td></td><td></td><td></td><td></td><td></td><td></td><td></td><td></td></tr>
<tr><td></td><td></td><td></td><td></td><td></td><td></td><td></td><td></td><td></td><td></td><td></td><td></td><td></td><td></td><td></td><td></td><td></td><td></td><td></td><td></td></tr>
<tr><td></td><td></td><td></td><td></td><td></td><td></td><td></td><td></td><td></td><td></td><td></td><td></td><td></td><td></td><td></td><td></td><td></td><td></td><td></td><td></td></tr>
</table>

榆钱树

榆钱，是榆树结出的果，听人说，因状如铜钱，挂满枝头，故得美名曰榆钱。于是，榆树也得一别名——摇钱树。只可惜，我这个城里长大的孩子，却从小没有见过榆钱，就算它就在我眼前，我也不识。

榆钱长在春季，我一直很想见识一下，起初根本没有要品尝的奢望。谁知一天中午，妈妈下班回来，竟然在路上见到榆钱，并捋回一把，告诉我这便是榆钱。我欣喜万分，急忙拿来洗净，放在小碟中细细端详。这榆钱，果然生得一副好模样：通身翠绿，正中间，鼓出一颗小圆点，我剥开一看，是种子。这样子，这形状，活脱脱就是一枚铜钱。摘一片儿榆钱放在嘴里，有一丝甘甜，清清淡淡但绝不无味。我喜欢上了这种东西，就请妈妈再多摘一些来。晚上，妈妈递给我的，竟是满满一大包。我惊喜不已，用清水泡着，动员妈妈为我做榆钱饭。听说这榆钱有许多功效，既可清热化痰，又可健脾消肿，便知这是当今难得的好东西。晚饭，妈妈为我做了"榆钱全席"，一碟清拌榆钱，一盘榆钱煎饼，一锅榆钱稀饭，吃得好是痛快。是什么树能结出这般花果？第二天，我便要妈妈带我去看榆树。

这树真是漂亮，不知是被动还是主动，根枝低低盘绕树干，很是好看。而这根，却又是天然从底部分开，似一棵，却非一棵，别有一番情调。此时，正是艳阳高照的时候，束束阳光投向榆树，叶子将它们分成小块，剩下的影子，便是斑斑驳驳，如块块金片撒落树下。而那串串"铜钱"和些许嫩叶压得枝儿轻轻颤动，但并不给人沉重的感受，反而轻盈飘逸。待微风轻轻从树的缝隙穿过，就会有几缕清新的香气飘来，令人陶醉。树枝稍稍弯的地方，形成一个弧度，被碧绿的榆钱点缀着，装扮着，像极了婀娜的少女。

这榆钱，这榆树，真可谓：树影摇绿，摇出满目春！

1.这篇小文章，按照自己对榆钱的感知，按顺序给我们介绍得生动全面。见到榆钱——吃到——亲自看到榆钱树。全文观察细致，流畅自然。

2.体会文章的描写方法，划出写作对象、写作素材。

四季的风

风轻轻地吹遍了田地，给玩耍的小朋友们带来凉爽，给大海吹得起了皱纹……

四季的风中，最温柔最可爱的风，就数春风了。春风像母亲一样，用她那温柔的双手抚摸着大地，小草们被春风妈妈吹得翩翩起舞，柳树被春风拂过，伸出了嫩绿的叶子，像长长的辫子，随风摆动，好看极了。小动物们也被春风吹醒了，四处都是动物们的身影，它们为生计四处忙碌着。农民们在春风吹拂的日子里，忙着播种农作物，为秋天的丰收做着准备。

夏天的风有时候很闷热，吹在身上热乎乎的，让人感觉十分讨厌。但有时候它也会吹出很清凉的风，让人觉得非常舒服；有时也像凶猛的野兽，剧烈怒号着，猛烈地刮着，似大海起了几米高的大浪，更会带来倾盆大雨，造成泥石流，给人们带来不小的经济损失。

秋风像一个仙子，跳着轻轻的舞蹈，拂过了大地。秋叶纷纷落下，湖面上皱起层层波纹。它吹熟了树上的果子，吹弯了金黄的稻子。

冬天来了，寒冷的北风呼呼地刮着，带来了晶莹的飞雪，吹走了爱吵闹的小动物，吹落了树上的最后一片枯叶。

四季的风，各有不同的姿态，它们都尽了自己的责任，让这个世界变得更加丰富多彩。

1.仔细阅读本文，本文表面上写风，实际上是在写什么？

2.想一想，哪些段落写得不够具体形象？原因是什么？

3.根据所学的方法，修改表达不好的段落。

苏州印象

　　白居易当年咏道："江南好，风景旧曾谙，日出江花红胜火，春来江水绿如蓝。能不忆江南？"是啊，江南给人的印象便是小桥流水，令之神往。若说江南是一位母亲的话，那么苏州就是她最端庄、优雅的女儿了。

水之乡

苏州是用古朴的黑与纯洁的白勾勒出来的。那黑色的屋顶仿佛是在告诉人们悠久的历史和文化底蕴，那洁白的墙前站着一位身穿蓝布白花的少女，忽然羞涩地走开了。忽而传来了一阵欢笑声，原来是那位少女和同伴们坐在船头戏水……沿河走去，见着了一座石拱桥，走上桥去，有一座微斜着的塔，顿悟，那是虎丘塔，它与春秋一代霸主——阖闾相伴，它不孤独。

茶之源

茶香袅袅，在苏州不品一杯碧螺春那实为憾矣。"清明时节雨纷纷"的洞庭西山茶园几百亩茶树郁郁葱葱，真可谓"绿遍山原白满川"。坐在一亭间，赏着茶树，品一杯碧螺春，茶香里带着苦涩，可喝下去以后，一股清新怡然之气却又泛了上来。顿时，身心都融化了，融化在这诗情画意的胜境里了。

园如林

江南园林甲天下，苏州园林甲江南。

无论哪个园林里都环境典雅而庄重。竹，苍翠欲滴。松，苍劲挺拔。湖，宛如翠玉。石，千姿百态……

浓浓诗情，浓浓画意。啊，我融在这座城市里了。

介绍一个地方，要抓住这个地方的特点来构思。作者抓住了苏州哪几种有特色的事物？